本书获得山东省自然科学基金项目"虚拟经济与实体经济非协调发展对企业投资行为的影响研究"(ZR2018BG007)、青岛市哲学社会科学规划项目"新旧动能转换下混合所有制对青岛市国企绿色创新质量的影响与对策研究"(QDSKL1901128)、山东科技大学人才引进科研启动基金项目"空间溢出视角下创新要素集聚与创新驱动发展"(2017RCJJ023)资助

宏观经济环境、负债融资和企业投资行为

MACROECONOMIC ENVIRONMENT, DEBT FINANCING AND CORPORATE INVESTMENT BEHAVIOR

马红 侯贵生 綦梦 ◎ 著

经济管理出版社
ECONOMY & MANAGEMENT PUBLISHING HOUSE

图书在版编目（CIP）数据

宏观经济环境、负债融资和企业投资行为/马红，侯贵生，綦梦著.—北京：经济管理出版社，2019.7
ISBN 978-7-5096-6883-2

Ⅰ.①宏…　Ⅱ.①马…②侯…③綦…　Ⅲ.①宏观经济环境—影响—企业—投资行为—研究—中国②企业融资—债务—影响—企业—投资行为—研究—中国　Ⅳ.①F279.23

中国版本图书馆 CIP 数据核字（2019）第 181518 号

组稿编辑：杜　菲
责任编辑：杜　菲
责任印制：高　娅
责任校对：陈晓霞

出版发行：经济管理出版社
　　　　　（北京市海淀区北蜂窝 8 号中雅大厦 A 座 11 层　100038）
网　　址：www.E-mp.com.cn
电　　话：(010) 51915602
印　　刷：北京晨旭印刷厂
经　　销：新华书店
开　　本：720mm×1000mm/16
印　　张：13.5
字　　数：210 千字
版　　次：2019 年 7 月第 1 版　2019 年 7 月第 1 次印刷
书　　号：ISBN 978-7-5096-6883-2
定　　价：78.00 元

·版权所有　翻印必究·
凡购本社图书，如有印装错误，由本社读者服务部负责调换。
联系地址：北京阜外月坛北小街 2 号
电话：(010) 68022974　　邮编：100836

前　言

优化企业投资行为是企业经营管理的主要目标。企业的投资行为是否有效率，不仅关系企业在未来时期的现金流量和经营风险，而且影响企业未来的业绩增长和价值表现。融资与投资是企业最重要的两项基本财务决策，但企业的投资行为必须在融资能力许可的范围内开展。因此负债融资作为企业极其重要的一种外部融资方式，必然会对企业的投资行为产生一定的影响。

目前，从企业层面和行业层面入手，关于企业负债融资和投资行为的研究大多基于完美市场假设，而涉及宏观层面的研究则相对缺乏。主要原因在于，在完美市场假设下，外部宏观经济环境因素虽然可以通过市场内化为企业融资状况等直接因素，但宏观经济环境因素本身对企业投融资行为的直接影响较小，导致宏观经济环境因素对企业投融资行为的影响一直被摒弃在微观模型之外。具体到我国，由计划经济向市场经济转轨的特殊制度背景，而造成宏观经济环境诸多因素的重大转变，而这一转变导致宏观经济环境对我国企业的投融资行为可能产生更为重要的影响。因此，本书关于宏观经济环境对企业投融资行为影响的研究不仅具有理论意义，而且具有重要的实践意义。加之，受全球性经济危机的影响，2008年后，我国进入以高负债为主要特征的加杠杆周期，我国非金融企业的负债融资比率出现大幅的上升，普遍存在严重的过度举债隐患。基于此，本书结合我国的制度背景，探讨"高杠杆化"负债融资对企业投资效率的影响，并考虑宏观经济环境对两者关系的调节效应，具有非常重要的现实意义。

基于以上分析，本书结合我国特殊的制度安排和企业中普遍存在的过度举债现象，从宏观层面的研究视角出发，以宏观经济环境对企业投融资行为的影响为主线展开研究，并考虑宏观经济环境对负债融资与企业投资行为关系的调节效应。本书的研究思路遵循文献分析、理论分析、制度分析、实证分析的研究顺序展开，主要利用理论分析和实证分析相结合的研究方法。首先，在文献分析中，评述与梳理宏观经济环境影响微观企业投资行为的研究现状，以及宏观经济环境影响微观企业融资行为的研究现状。其次，在理论分析中，构建宏观经济环境影响企业投融资行为的理论框架，并探讨宏观经济环境影响企业负债融资和投资行为的基础理论与传导路径。再次，在制度分析中，一方面，基于制度变迁的分析逻辑，梳理了我国投融资运行机制改革的演化历程；另一方面，利用经验证据，详细阐释我国上市公司投资行为和负债融资行为的特征与现状。最后，在实证分析中，以我国上市公司的相关数据为样本，分别进行宏观经济环境影响企业投资行为的实证分析以及宏观经济环境影响企业负债融资的实证分析，并在此基础上验证宏观经济环境对负债融资与企业投资行为两者关系所起的调节效应。

本书的特色之处在于：第一，宏观经济环境与微观企业行为相结合的研究视角。本书尝试突破宏观经济环境与微观企业行为长期割裂的研究现状，在深入分析宏观经济环境影响微观企业负债融资和投资行为的基础上，研究宏观经济环境、负债融资和企业投资行为三者之间的关系。第二，宏观经济环境、负债融资和企业投资行为三者之间理论分析框架的构建。本书从宏观经济环境研究视角入手，以企业的投资行为为立足点，考虑负债融资对其的影响，将宏观经济环境、负债融资和企业投资行为三者都置于企业价值创造的理论分析框架中，梳理宏观经济环境影响企业投融资行为的理论基础。第三，以我国上市公司经验数据为样本的实证分析。本书以我国的制度背景为基础，结合理论分析的结果，提出宏观经济环境、负债融资和企业投资行为三者之间的可检验假设，以我国上市公司的经验数据为样本进行实证分析，并通过多种稳定性检验的运用，确保所得实证结果的稳健性。

前 言

　　本书的写作要感谢我的母校——中国海洋大学和我现在的工作单位——山东科技大学的支持，同时要特别感谢我的导师王元月教授的指导。另外，对中国海洋大学管理学院每位指导过我的老师和山东科技大学经管学院对本书提过修改建议的老师，也一并表示感谢。由于笔者水平有限，编写时间仓促，所以书中错误和不足之处在所难免，恳请广大读者批评指正。

目　录

第一章　引言 ··· 001

一、研究背景 ··· 001

二、研究目的与研究意义 ··· 004

三、研究思路、研究内容及研究方法 ························ 007

四、研究的创新之处 ··· 012

第二章　文献综述 ··· 015

一、现代企业投资理论 ·· 016

二、基于宏观经济环境视角的企业投资理论 ·············· 025

三、现代企业融资理论 ·· 033

四、宏观视角的企业融资行为文献综述 ···················· 038

五、本章小结 ··· 043

第三章　理论分析 ··· 044

一、理论模型的构建 ··· 045

二、宏观经济环境对企业投资行为的影响 ················· 049

三、宏观经济环境对企业负债融资的影响 ················· 058

四、负债融资对企业投资行为的影响 ························ 066

五、本章小结 ··· 071

第四章　宏观经济环境视角下我国企业投融资行为的制度背景与经验证据 073

一、我国宏观经济环境的变迁与演进 074

二、我国企业投融资运行机制的历史演进：基于制度变迁的分析逻辑 086

三、我国企业投资行为的特征与现状 094

四、我国企业负债融资的方式与特征 102

五、本章小结 112

第五章　宏观经济环境影响我国企业投资行为的实证研究 113

一、问题提出 113

二、理论分析和研究假设 116

三、研究设计 120

四、实证检验结果 123

五、本章小结 136

第六章　宏观经济环境影响我国企业负债融资的实证研究 138

一、问题的提出 138

二、理论分析和研究假设 140

三、研究设计 145

四、实证检验 148

五、本章小结 160

第七章　宏观经济环境下负债融资对企业投资行为影响的实证研究 162

一、问题的提出 162

二、理论分析和研究假设 164

三、研究设计 ………………………………………… 169
　　四、实证检验 ………………………………………… 171
　　五、本章小结 ………………………………………… 182

第八章　结论、建议与展望 　　　　　　　　　　　183

　　一、研究结论 ………………………………………… 183
　　二、政策建议 ………………………………………… 186
　　三、研究展望 ………………………………………… 188

参考文献 …………………………………………………… 190

第一章 引　言

一、研究背景

优化企业投资行为是企业经营管理的主要目标。企业投资行为有效率与否，不仅关系企业未来的现金流量与经营风险，而且影响企业未来的业绩增长和价值表现，因此提高企业投资决策的合理性与科学性一直是理论界和实务界关注的焦点。

融资与投资是企业最重要的两项基本财务决策，它们既相互独立，又相互关联，不但是企业资金运动中密不可分的两个方面，而且关系企业的生死存亡。一般认为，融资决策关注的是企业发展过程中的资金来源问题，投资决策关注的是企业资源的有效配置问题，但企业投资行为必须在融资能力许可的范围内开展，因此企业在进行投资决策时，必须充分考虑自身的融资能力。20世纪六七十年代以来，学者们逐步放宽MM理论中关于完备市场的假设，考虑现实市场中信息不对称、代理冲突、融资约束等不完备因素的存在，把企业的融资决策和投资决策联系起来，研究各种融资方式对投资决策的影响,而负债融资作为企业外部融资的一种常见方式,也成为其中一个重要的研究方向。西方的学者很早就开始着手负债融资对企业投资行为影响的研究,但西方学者对该问题进行的研究都是以西方成熟的市场环境为前提的,而建立在发达国家经验上的理论是否适用于依然处于发展中国家行列的中国,值得我们去深入探讨。

目前关于负债融资对企业投资影响的研究,大多从企业层面因素和行业层面因素入手,往往忽略宏观层面因素的影响。但企业投融资行为都是在一定的宏观经济环境下做出的,必然会受宏观经济环境变化的影响。传统的经济学重点关注宏观经济政策与经济产出的关系,而传统的会计财务学重点关注的是微观企业行为和企业产出的关系,因此很长时间以来学术界对宏观经济环境和微观企业投融资行为之间的研究一直处于割裂的状态。事实上,宏观经济环境与微观企业投融资行为之间存在着密切的联系,如宏观经济环境通过改变宏观经济前景预期、行业前景预期影响企业的投资行为、融资方式选择等;宏观经济环境通过金融市场改变企业资本成本影响企业的融资行为、现金管理行为等;宏观经济环境通过改变企业所处的经营信息环境影响企业的财务管理决策,等等。综观现有研究,虽然已有研究表明企业的投融资行为会受外部环境因素的影响,但宏观经济环境因素对企业投融资行为的影响却一直被摒弃在微观模型之外,主要原因在于奠定现代企业财务理论基础的 MM 理论、实际商业周期理论和凯恩斯主义模型等理论,都是基于完美市场假设的。在完美市场假设下,外部宏观经济环境因素虽然可以通过市场内化为企业融资状况等直接因素,但宏观经济环境因素本身对企业投融资行为的直接影响较小。具体到我国,一方面,我国的资本市场与西方成熟市场之间依然存在着较大的差距;另一方面,由计划经济向市场经济转轨的特殊制度背景导致宏观经济环境对我国企业投融资行为可能产生更为重要的影响。特别是 2005 年至今,我国的宏观经济周期、宏观经济政策和资本市场均发生了重大转变。从资本市场因素看,2005 年我国股票市场进行了股权分置改革。这一改革通过非流通股股东和流通股股东之间的利益平衡协商机制彻底消除了 A 股市场股份转让的制度性差异，使得我国的资本市场制度建设进入一个崭新的阶段。从经济周期因素看，在此期间国际金融市场的波动性不断增大，特别是 2007 年美国次贷危机的爆发，造成我国的出口大幅下滑，经济增长率逐步下降，各类金融指数、购买力指数均出现下滑，部分中小企业特别是出口型企业因外需不足面临严重的财务困难，而大中型企业的经营状况也普遍受到一定程度的冲击。次贷危机对我国经济发展所造成的严重影响也导致我国的经济周期由此进入新一轮的下行阶段。从经济政策因素看，面对世界经济趋势的低迷，各国政府纷纷出台相应的经济刺激计划，而我国政府在此期间所采取的宏观调控政策成效显著，有力地推动了我国宏观经济形势于 2009 年底逐步走出谷底。我国宏观经济因素的调整与转变使得本书关于宏观经济环境对企业投融资行为影响的研究更具有现实意义。基于此，本书选取宏观经济环境为切入点，深入分析宏观经济环境对企业负债融资和投资行为的影响。

西方学者关于负债融资与企业投资行为关系的研究主要分为两个分支：一是从代理冲突理论出发，认为负债融资所产生的股东—债权人代理冲突往往导致股东或者经理人做出损害债权人利益的投资决策，进而导致投资扭曲现象的发生。二是从相机治理理论出发，负债融资可以通过债权人对经理人的监督管理降低股东—经理人冲突引起的代理成本，进而有效抑制经理人做出损害股东权益的投资决策。从以上分析中可以看出，负债融资对企业投资行为的影响具有两面性，这也导致国外关于两者关系的研究结论并不一致。另外，由于国外的研究大多基于成熟的市场环境背景，我国处于经济转轨时期的特殊背景与之存在较大差异，导致国外的相关研究成果不一定适用于我国，例如国外学者对企业融资行为的分析大多基于预算硬约束的前提，而成熟的西方市场也基本满足预算硬约束的条件；反之，我国债权人和企业之间呈现明显的预算软约束特征，债权治理机制的作用有限。另外，我国现阶段企业投融资行为的特征也是本书研究考虑的背景因素之一。具体而言，2008 年，我国推出大规模的刺激经济政策以应对全球性的经济危机，由此进入以高负债为主要特征的加杠杆周期。在此期间，我国非金融企业的负债融资比率出现了大幅的上升，据统计，2008~2014年的增幅为58.1%。截至2015年末，我国非金融企业平均负债率高达115%，远高于发达国家，同时负债总额占GDP的比例为144%，远高于国际警戒线。可见，近年来我国非金融企业的高杠杆化运行特征明显，存在严重的过度举债隐患。2016年，中央财经领导小组第十一次会议提出的供给侧结构性改革也把"去杠杆"定为落实该项改革的五大任务之一。本书基于以上分析，考虑我国特殊的制度安排和企业中普遍存在的过度举债现象，研究负债融资对企业投资行为的具体影响，并重点考察宏观经济环境对两者关系的调节效应。

综上所述，尽管宏观经济环境是影响企业投融资行为的重要因素，但从宏观层面入手，对企业投融资行为的研究还相对缺乏，宏观经济环境影响企业投融资行为的根本性问题也没有得到完善的解答。本书从宏观层面的研究视角出发，以宏观经济环境对企业负债融资和投资行为的影响为主线展开研究，并考虑宏观经济环境对两者关系的调节效应，以证明宏观经济环境通过负债治理机制对企业投资行为所产生的间接影响。本书通过深入挖掘宏观经济环境、负债融资和企业投资行为三者之间的关系，尝试从理论和经验上回答与验证下列问题：企业在宏观经济环境变动中如何改变其负债行为？宏观经济环境对企业投资行为的影响是否显著？考虑我国特殊的宏观经济环境因素，负债融资对企业的投资效率会产生怎样的影响？

二、研究目的与研究意义

（一）研究目的

本书的总体研究目的是，基于我国特殊的制度背景，以宏观经济环境为切入点，揭示我国宏观经济环境对负债融资和企业投资行为的影响机理，并重点考察宏观经济环境对负债融资与企业投资行为关系的调节效应。具体包括以下三个子目标。

（1）传统的企业财务理论对于企业投融资行为的研究往往只考虑企业层面和行业层面的影响因素，本书认为企业行为都是在一定的宏观经济环境中做出的，宏观层面的因素必然会影响企业的投融资行为。因此，本书把宏观环境与微观因素相结合，通过对基础理论的梳理和对现有研究成果的归纳，构建宏观经济环境影响企业负债融资和投资行为的理论研究框架。

（2）基于我国特殊的制度背景，为宏观经济环境对我国上市公司负债融资与投资行为所造成的影响提供更多的微观证据。通过分析我国企业投融资运行机制的动态演化历程，结合我国的制度背景提出宏观经济环境影响企业投资行为、宏观经济环境影响企业负债融资的相关假设，并为之提供实证检验的证据。

（3）基于宏观经济环境视角，考察我国负债融资对企业投资行为所产生的具体影响。西方学者基于成熟市场背景得出的关于负债融资对企业投资行为影响的相关结论不一定适用于我国，因此本书基于我国经济转轨时期的特殊制度背景，深入分析负债融资对企业投资行为所产生的具体影响，并重点考察宏观经济环境对两者关系所产生的调节效应。

（二）研究意义

本书通过完成上述研究目的，希冀具有如下的理论意义与实际贡献。

1. 理论意义

（1）以优化企业投资决策和提高企业投资效率为目标，构建宏观经济环境与微观企业投融资行为之间的理论影响框架，分析宏观经济环境影响企业负债融资和投资行为的理论影响机制，一定程度上可以缓解将相互依赖的宏观经济环境与微观企业投融资行为割裂开来研究的现状，从宏观层面进一步拓宽对企业投融资行为的研究范畴。

（2）基于我国特殊的制度背景，描述并分析我国企业的投融资运行机制和投融资行为现状。国内诸多研究表明，我国上市公司的投融资决策并不完全遵循西方经典的投融资理论。本书认为，我国上市公司投融资运行机制变迁过程中的政府主导型发展模式直接影响着企业的资本配置，因此在分析宏观经济环境对我国企业负债融资和投资行为的影响时，梳理我国投融资运行机制改革的演化历程，并就我国上市公司负债融资和投资行为的特征、现状等方面进行阐释，从而基于制度背景分析，可以丰富关于我国宏观经济环境影响企业投融资行为的理论支撑。

2. 实际应用意义

（1）可以深化人们对宏观经济环境影响的思考。传统的企业财务理论往往仅从企业层面和行业层面考虑企业的负债融资和投资行为，但企业的投融资决策都是在一定的宏观经济环境中做出的，宏观经济环境因素必然会影响企业的负债融资和投资行为。本书的研究表明，除企业层面和行业层面的相关因素之外，宏观经济环境因素是影响企业投融资行为的另一条渠道，而这条渠道恰恰被传统企业财务理论所忽视。同时，西方基于成熟市场背景，研究企业投融资行为所得出的结论并不一定适用于我国，因此基于我国转轨时期的特殊制度背景，研究宏观经济环境对企业负债融资和投资行为所产生的具体影响就具有重要的现实意义。

（2）可以为微观企业提高负债融资和投资决策的科学性提供进一步的指导。传统的投融资决策理论往往基于严格的假定，忽略宏观经济环境的影响，导致理论预测的结果与现实经验不符。基于宏观经济环境对我国企业负债融资和投资决策的影响，重视对我国制度背景的考察和加强对宏观经济因素变动的关注，将有助于指导不同类型企业科学地做出投融资决策，也有助于企业在不同的宏观经济环境背景下降低财务风险、提高投资效率。

（3）可以对国家利用宏观经济环境因素调控企业投融资行为的政策有效性提供一定的微观经验与决策依据。传统的宏观经济调控研究重点关注其对于宏观经济的影响，很少关注宏观经济调控对微观企业行为的影响。

本书侧重于研究宏观经济调控的微观传导机制，深入探究企业内外部摩擦对宏观经济调控实施效应的干扰与影响，有助于解决我国经济制度变革中宏观经济调控政策制定与实施方面的相关问题，为政府宏观调控体系的不断完善提供一定的理论依据与决策参考。

三、研究思路、研究内容及研究方法

（一）研究思路

基于我国特殊的经济体制背景，本书以宏观经济环境对微观企业行为的影响为切入点，以宏观经济环境影响企业负债融资和投资行为的基础理论为依据，同时在对我国上市公司负债和投资的制度环境进行充分分析的基础上，综合运用规范分析和实证分析相结合的方法，深入探讨宏观经济环境、负债融资和企业投资行为三者之间的关系。本书遵循文献分析、理论分析、制度分析、实证分析的研究顺序展开，具体的研究思路如下。

1. 文献分析

本部分从两方面对相关理论观点和研究发展现状进行梳理和评述：一是从理论研究上梳理关于宏观经济环境影响微观企业投资行为的主要观点，同时评述关于宏观经济环境影响微观企业投资行为的研究现状；二是从理论研究上梳理关于宏观经济环境影响微观企业融资行为的主要观点，同时评述关于宏观经济环境影响微观企业融资行为的研究现状。

2. 理论分析

本部分首先构造宏观经济环境与微观企业行为的关系框架，并从经济周期、经济政策（货币政策与财政政策）、资本市场（信贷市场与股票市场）三个维度构建宏观经济环境影响企业投融资行为的理论框架；其次探讨宏观经济环境影响企业负债融资和投资行为的相关基础理论和传导路径；最后基于代理理论和相机治理理论，梳理负债融资影响企业投资的理论基础。

3. 制度分析

改革开放以来我国企业的投融资运行机制发生了巨大变迁，基于我国特殊的经济背景，本书认为我国上市公司投融资运行机制变迁过程中的政府主导型发展模式直接影响企业的资本配置，因此在分析宏观经济环境对我国企业负债融资和投资行为的影响时，不能忽略我国上市公司投融资运行机制的演进与变迁。本书基于制度变迁的分析逻辑，梳理我国投融资运行机制改革的演化历程，并利用经验证据，详细阐述我国上市公司投资行为和负债融资行为的特征与现状。

4. 实证分析

首先是关于宏观经济环境影响企业投资行为的实证分析。依据我国上市公司的相关数据，基于理论基础和相关文献提出假设，验证宏观经济环境对企业投资行为的影响。其次是关于宏观经济环境影响企业负债融资的实证分析。依据我国上市公司的相关数据，基于理论基础和相关文献提出假设，验证宏观经济环境对企业负债融资的影响。最后是宏观经济环境下负债融资对企业投资行为影响的实证分析。依据我国上市公司的相关数据，基于理论基础和相关文献提出假设，验证负债融资对企业投资行为的影响以及宏观经济环境对两者关系的调节效应。

（二）研究内容

依据上述研究思路，本书的研究围绕以下问题构建研究内容和框架。

（1）从理论上来说，宏观经济环境是否影响企业的负债融资和投资行为？从基础理论和现有研究成果出发，构建宏观经济环境影响企业投融资行为的理论基础框架。

（2）考虑我国特殊的制度背景，宏观经济环境如何影响企业的负债融资和投资行为？从经济和历史的视角，分析我国企业投融资运行机制的动态演化历程，尝试解释我国宏观经济环境对企业投资行为和负债融资的影响与西方理论的差异，为实证分析中假设检验的提出提供更多的制度环境支持。

（3）选取哪些变量以精确度量影响企业负债融资和投资行为的宏观经济环境？在借鉴前人研究成果和梳理基础理论的基础上，深入分析宏观经济环境影响企业负债融资和投资行为的机制与路径，构建宏观经济环境影响企业投融资行为的指标体系。

（4）宏观经济环境对不同企业的负债融资和投资行为是否产生差异化的影响？大多学者的研究都支持宏观经济环境影响企业负债融资和投资行为这一结论，本书在这一结论的基础上考虑企业所有权性质、融资约束等条件，验证宏观经济环境是否对不同类型企业的负债融资和投资行为产生差异化影响。

（5）考虑我国的制度背景，负债融资对企业投资行为所产生的具体影响是什么？基于宏观经济环境视角，考察宏观经济环境因素在负债融资与企业投资行为关系中所起的调节效应。

围绕上述研究思路和主要研究问题，本书分为八章进行详细阐述，具体的研究内容如下。

第一章首先结合宏观经济环境对我国企业投融资行为的影响引出本书的选题依据；其次概括本书的研究目的与意义；再次依据本书要解决的主要问题提出研究思路、研究内容和研究方法；最后指出可能的创新之处。

第二章首先从理论研究上梳理关于宏观经济环境影响微观企业投资行为的主要观点，同时评述关于宏观经济环境影响微观企业投资行为的研究现状；其次从理论研究上梳理关于宏观经济环境影响微观企业融资行为的主要观点，同时评述关于宏观经济环境影响微观企业融资行为的研究现状。

第三章首先在阐述宏观经济环境与微观企业关系框架的基础上，构建关于宏观经济环境、负债融资与企业投资行为三者之间关系的理论分析框架，选取经济周期、经济政策、资本市场三个维度，分析宏观经济环境影响微观企业行为的理论机制；其次，深入分析与探讨宏观经济环境影响微观企业投融资行为的理论基础，分为宏观经济环境对企业投资行为的影响、宏观经济环境对企业负债融资的影响以及负债融资对企业投资行为的影响三个方面进行详细的理论分析。

第四章依据制度变迁的分析逻辑，回顾我国上市公司投融资运行制度的历史演进，并利用经验数据，阐述并分析我国企业投融资行为的特征、现状等，从而为之后章节中研究假设的提出奠定坚实的制度基础。本章首先对我国改革开放后宏观经济环境的变迁进行回顾；其次梳理我国上市公司投融资运行制度的历史演进；最后阐释我国上市公司投资行为现状、特征与效率等方面的经验数据，以及我国上市公司负债融资特征、现状等方面的经验数据。

第五章首先依据我国上市公司的相关数据，基于理论基础和相关文献提出假设，结合我国的实际情况建立研究模型，实证研究宏观经济环境对企业投资规模和效率的影响；其次，考虑企业的所有权性质，对宏观经济环境与我国企业投资行为的关系进行进一步的实证分析；最后，通过多种方法进行稳定性检验。

第六章依据我国上市公司的相关数据，基于理论基础和相关文献提出假设，结合我国的实际情况建立研究模型，实证研究宏观经济环境对企业负债融资的影响。具体分为三部分：宏观经济环境影响企业负债融资规模的实证分析，宏观经济环境影响企业负债期限结构的实证分析以及基于企业产权性质的进一步研究。

第七章依据我国上市公司的相关数据，基于理论基础和相关文献提出假设，结合我国的实际情况建立研究模型，实证研究负债融资对我国企业投资效率的影响，以及宏观经济环境对负债融资与企业投资效率两者关系所起的调节效应，验证我国宏观经济环境通过影响负债治理机制，间接影响企业投资行为的作用机制。

第八章首先全面总结本书的结论；其次从宏观经济环境和企业负债治理的不同角度提出提高我国企业投资效率的相关政策建议；最后指出未来研究的进一步方向。

(三) 研究方法

本书试图把多种研究方法相结合，深入宏观经济环境、负债融资和企业投资行为三者之间的关系，并为从宏观经济环境和企业负债治理的不同角度提出提高我国企业投资效率的有效机制和对策。本书所使用的研究方法具体论述如下。

1. 规范分析法

规范分析法是指依据所要研究的问题，归纳与总结现有的成熟理论和相关的研究成果，利用判断经济行为"优、劣"的概念或标准，通过逻辑演绎衡量与价值判断，评价某种经济行为"应该是什么"或者"应该怎样"。本书运用文献研究法，归纳关于宏观经济环境影响企业投融资行为的主要观点与研究现状，首先从宏观经济状况、宏观经济政策（货币政策与财政政策）、资本市场（信贷市场与股票市场）三个维度构建宏观经济环境影响企业投融资行为的理论框架，其次理论推演宏观经济环境影响企业负债融资和投资行为的作用机制。

2. 制度分析法

我国社会生产关系和经济体制的变革必然会造成我国企业投融资运行机制的变革，进而影响企业的负债融资与投资行为。本书在分析我国上市公司投资行为和负债融资行为现状的过程中，将其放置到我国投融资运行机制动态变化的进程中具体分析，将西方会计财务理论与我国的制度背景相结合，深入理解并分析宏观经济环境对我国企业负债融资和投资行为的影响。

3. 实证分析法

实证分析法是以真实存在的数据为依据，利用特定的统计与计量方法对大量经验数据进行分析，通过客观描述揭示经济行为的发展规律和经济后果并预测其发展趋势，一般不对经济行为作价值判断，主要回答经济行为"是什么"的问题。本书在研究中借鉴前人的经验，采用将实证分析与规范分析结合在一起的研究方法。由于宏观经济环境、负债融资和企业投资行为三者之间的关系，受多种因素的干扰，宏观经济环境对企业投资行为和负债融资的影响以及宏观经济环境背景下负债融资对企业投资行为的影响，从本质上说都属于实证性命题，因此本书利用我国上市公司的大量经验数据为依据，对所提出的假设进行验证，以期得到更为精确的结论。

4. 比较分析法

本书在关于宏观经济环境对企业投资行为和负债融资影响的研究中，利用分组的方法进行比较分析，尝试进一步研究宏观经济环境对不同类型企业投融资行为所造成的不同影响。具体来说，依据上市公司的产权性质、融资约束等条件进行分组，验证宏观经济环境是否对不同类型企业的负债融资与投资行为产生差异化的影响，并对产生这种差异的原因进行进一步研究。

本书主要关注宏观经济环境、负债融资和企业投资行为三者之间的关系，在梳理相关理论和研究文献的基础上，依照"提出问题→分析问题→解决问题→实证验证→对策提出"的逻辑思路与"文献分析→理论分析→制度分析→实证分析"的研究顺序展开。首先，依据选题背景和研究目的提出本文研究的主要问题；其次，通过对相关基础理论和现有研究成果的梳理与评述，深入理解与分析问题；再次，在背景分析和理论研究的基础上提出假设，依据我国上市公司的数据对所提出的假设进行实证分析与验证；最后，根据理论推导和实证分析结果，提出相应的对策建议。

本书的技术路线如图 1-1 所示。

四、研究的创新之处

1. 宏观经济环境与微观企业行为相结合的研究视角

现有研究多从宏观经济环境出发，研究其与宏观经济产出的关系，或者从企业行为出发，研究其与企业产出的关系。也就是说，以往关于企业

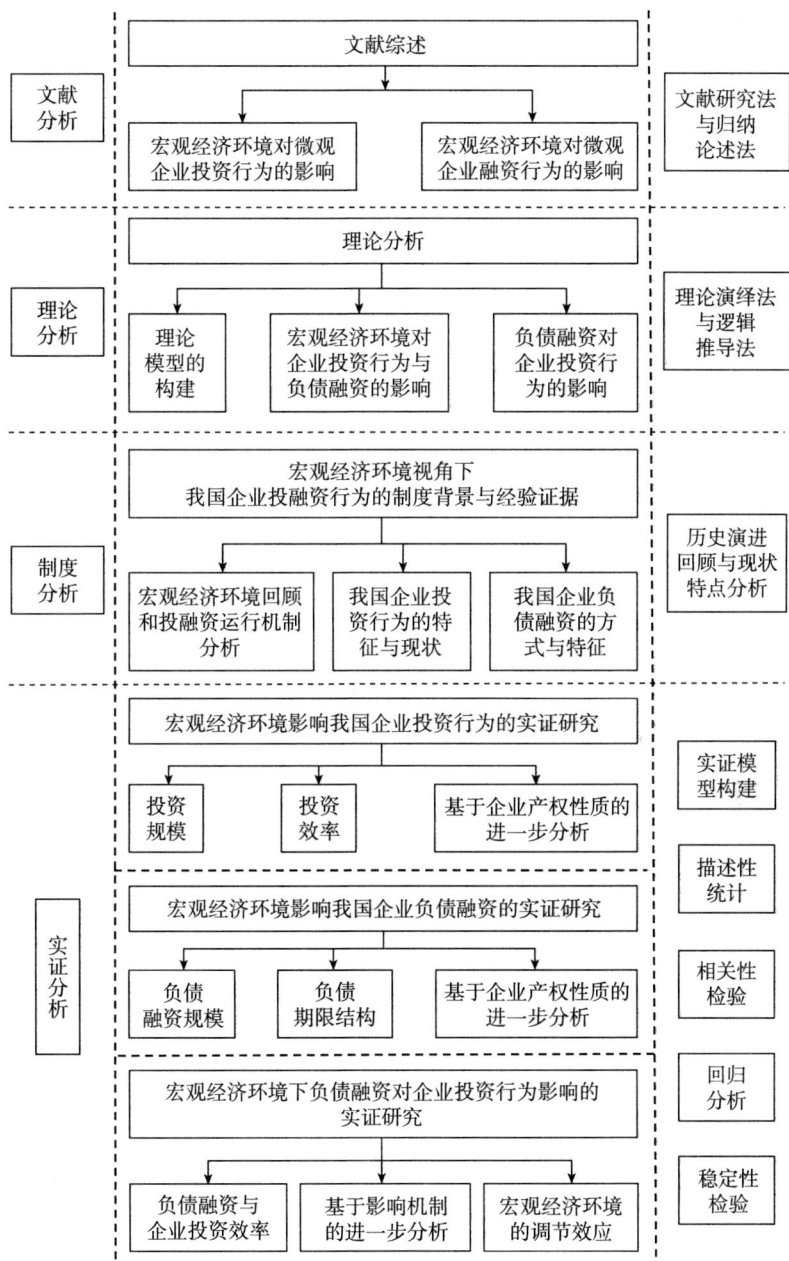

图1-1 技术路线

行为与经济后果的研究，往往只关注微观企业层面因素，而忽视企业行为必然也会受宏观经济环境影响的客观现实。因此，本书尝试突破宏观经济环境与微观企业行为割裂研究的现状，在深入分析宏观经济环境影响微观企业负债融资和投资行为的基础上，研究宏观经济环境、负债融资和企业投资行为三者之间的关系。

2. 宏观经济环境、负债融资和企业投资行为三者之间理论分析框架的构建

现在越来越多的学者开始支持宏观经济环境能够影响微观企业行为的观点，本书正是基于此观点，在宏观经济环境变化日益加剧的背景下，从宏观经济环境视角入手，以企业投资行为为立足点，考虑负债融资对企业投资的影响，将宏观经济环境、负债融资和企业投资行为都纳入企业价值创造的理论分析框架中，构建宏观经济环境、负债融资和企业投资行为三者之间的理论分析框架。一方面，梳理宏观经济环境影响企业投融资行为的理论基础；另一方面，基于宏观经济环境视角，分析负债融资影响企业投资行为的理论基础。

3. 以我国上市公司经验数据为样本的实证分析

本书以我国的制度背景为基础，结合理论分析的结果，提出宏观经济环境、负债融资和企业投资行为三者之间关系的可检验假设，以我国上市公司的大量经验数据为样本，实证分析宏观经济环境对我国企业负债融资和投资行为的影响，以及宏观经济环境对负债融资与企业投资行为两者关系所起的调节效应。在实证方法上，以往有关企业投融资行为的实证研究，普遍采用企业层面和产业层面的变量，而本书着重考察外生的宏观经济环境变量对企业投融资行为的影响，在一定程度上可以避免以往相关实证研究中可能存在的内生性问题。另外，为提高实证研究结论的科学性和准确性，本书根据我国上市公司财务数据的特点，采用多种方法进行稳定性检验。

第二章
文献综述

本章的文献综述分为企业投资和企业融资两部分。企业投融资行为理论一直是经济学、企业财务领域中持续关注的话题之一,经过长期的发展,西方学术界对投融资行为的研究已经比较深入。

早期的企业投资行为理论建立于新古典主义经济学的严格假设基础上,主要包括加速器投资理论、新古典投资理论和Q理论,这一系列早期的企业投资理论构成企业投资理论研究的早期理论基础。自20世纪70年代以来,随着委托代理理论、企业契约理论等新制度经济学理论在企业财务研究中的逐步兴起与应用,企业投资理论的研究逐步突破新古典经济学为主导的研究框架,并向以制度经济学为主导的研究框架过渡。同时其研究方式也发生了根本性的变革,开始考虑企业内外部诸多因素对企业投资过程诸多重要环节的影响,其研究内容也更为深刻与全面。为了更好地梳理关于企业投资行为的理论沿承,本章首先对现代企业投资理论进行简要评述(由于传统企业投资理论与本书的理论基础联系不大,故没有详细介绍);其次基于本书的研究视角,重点论述宏观环境因素视角下的企业投资行为研究现状,并重点对现阶段国内外学者在这一领域的研究成果进行详细的评述。

西方学者对企业融资行为的研究,按照时间顺序大体可以分为两个阶段:第一阶段是指早期的企业融资理论学派,主要包括净收入理论、净营运收入理论等传统理论;第二阶段是指以MM理论和米勒模型为中心的现代企业融资理论学派，以及 MM 理论后企业融资理论的新发展，其中主要包括信息不对称理论、控制权理论等。由于本书的理论基础大多建立在现代企业融资理论上，本章首先在简单介绍 MM 理论的基础上，简要阐述 MM 理论后有关企业融资的主要观点，其次基于本书的研究视角，重点论述宏观环境因素视角下的企业融资行为研究现状，并重点对现阶段国内外学者在这一领域的研究成果进行详细的评述。

一、现代企业投资理论

传统企业投资理论建立在新古典经济学的一系列严格假设之上，并以 MM 定理（企业融资决策与投资决策无关）的成立为基础。但在现实中完美资本市场、信息完全对称等严格假定是不可能完全满足的。随着委托代理理论、信息非对称理论和企业契约理论等新制度经济学理论在企业财务领域的应用和发展，诸多学者认识到现实市场的非完美性、委托代理问题、信息的非对称性等因素都会使企业的投资决策偏离净现值法则，因此学术界对企业投资理论的研究逐步打破 MM 定理的严格假定，过渡到现代企业投资理论阶段。

整体而言，20 世纪 70 年代以来，企业投资理论获得了较大发展，研究框架逐步从以新古典经济学为指导向以新制度经济学为指导过渡，研究视角逐步由简单的完全市场均衡分析过渡为非完美条件下的多角度分析，逐步形成与完善了现代企业投资理论。结合委托代理问题和信息非对称性对企业投资行为的影响，下面将从公司治理机制、信息非对称性两个主要研究角度对现代企业投资理论进行评述。

（一）基于公司治理的现代企业投资理论

随着公司财务理论和公司治理理论各自的深入发展，理论界和实务界开始认识到，要解决现实中日趋复杂的公司财务和治理问题，仅从单一学科出发的独立研究已不能满足理论发展和实际应用的需要。在此背景下，西方学术界开始出现公司财务与公司治理相融合的研究趋势。

关于对公司治理的理解，Berle 和 Mean（1932）指出公司治理的焦点在于促使企业所有者与经营者的利益趋于一致，Fama 和 Jensen（1983）、Mille（1995）认为公司治理研究的核心是所有权与控制权分离条件下的委托代理问题。具体到公司治理对企业投资行为的影响，学者们普遍认为企业相关利益主体的利益冲突必然会对企业投资行为产生一定的影响，而良好的公司治理机制可以协调企业利益相关者之间的冲突，进而提高企业投资行为的效率；反之，如果企业治理机制不够完善，则会加剧企业利益相关者的冲突，造成企业投资效率的下降。

对于公司治理在企业投资决策过程中所发挥的重要作用，学者们很早就开始关注，并从学术角度展开了关于公司治理对企业投资影响机制的研究。由于公司治理的主流研究最初关注的是股权分散下的治理模式，因此公司治理对企业投资影响的研究起初主要围绕企业所有者与管理者之间的委托代理问题展开。此后，随着在世界范围内公司股权集中趋势的发展，基于股权集中条件下的大股东与中小股东之间的委托代理问题也被纳入公司治理对企业投资影响的研究范畴。因此按照股权结构特征，基于公司治理框架下的企业投资理论主要分为两类：一类是股东与经理人之间的利益冲突（代理型公司治理问题）；另一类是大股东与中小股东之间的利益冲突（剥夺型公司治理问题）。

1. 股东—经理人的利益冲突

Michael 和 Meckling（1976）发表的文章中构建了利用委托代理理论分析股东—经理人冲突与企业投资行为的基本框架。文中将委托代理关系定义为一种契约，即规定委托人聘用代理人来履行某些服务的约定（也包括把部分决策权委托给代理人)。现代企业的规模扩张往往超出单个投资者的投资能力,资本联合成为最常见的解决方式,因此所有权与经营权的两权分离成为现代企业常见的所有制形式,由此也诞生了股东—经理人之间的委托代理冲突。基于理性人假设,股东与经理人的行为都追求各自效用的最大化,经理人存在不以股东利益最大化的行为动机,而对于股份制企业来说该动机的大小取决于经理人的持股比例。如果经理人的持股比例过小,由于企业契约的不完备性,经理人很可能凭借其对公司的控制权,实施损害股东利益的非效率投资行为,将公司财富转化为个人利益。基于股东—经理人冲突而产生的非效率投资一般表现为经理人在投资决策中的过度投资、投资不足、投资短视、敲竹杠投资等行为,学者们关于股东—经理人冲突与企业投资行为的研究也大多围绕以下几个方面展开。

(1)过度投资。现实中,企业的规模扩张越快,经理人的晋升机会往往越多,因此经理人存在盲目扩张企业规模、构建企业帝国的动机。Michael(1986)的研究首次提出了"自由现金流"的概念,认为当公司不存在能使股东价值增值的投资机会时,公司应该将多余的现金支付给股东,但现实中经理人基于私利,可能更倾向于将剩余现金投资于净现值可能为负的项目,而不是返还给股东,从而导致企业的过度投资问题。同时,Jensen认为公司利益分配的非对称性即在两权分离的所有权结构下,经理人的经营成果由股东与经理人共同分享,而成本则由经理人单独承担,是导致自由现金流理论下经理人自利行为的主要原因。Murphy(1985)、Stulz(1990)、Hart(1995)、Zwiebel(1996)等的研究结果都表明,经理人构建企业帝国的行为是导致企业过度投资的重要原因。另外,Michael(1986)认为多样化投资是过度投资的一种重要表现形式,主要原因在于多样化投资可以为经理人带来威望、权力、地位和在职消费等更多私利,并使经理人在高级职位的竞争中取得更多优势。Shleifer和Vishny(1988)、Ross和Shepand(1997)、Aggarwal和Samwick(2003)、Jiraporn(2006)等从不同角度研究多样化投资问题都得出相同的结论,即经理人基于个人利益更倾向于多样化投资,进而导致企业的非效率投资行为。

(2) 投资不足。企业经理人与股东之间的代理问题不仅导致过度投资，也可能导致投资不足。Bengt 和 Costa（1986）的研究表明，在某些特定条件下，股东—经理人冲突可能产生投资不足问题，例如：对风险规避型经理人来说，即使某些项目的净现值为正，但由于风险不确定性较大，加之新项目的业绩将考验管理者的能力，经理人可能出于自身的职业安全等个人私利而选择放弃该项目。Baker（2000）的研究从不同角度进一步证实了以上结论，认为风险规避型经理人有时基于职业安全和威望方面的考虑，不愿意承认以往投资决策的失败，对于由以往投资形成但目前业绩较差的项目，更倾向于维系，而不是清算或者退出。

(3) 投资短视。在依据项目业绩评判经理人能力的背景下，经理人更倾向于选择能够在短期内取得成效的项目，以迅速建立自己的声誉。Narayanan（1985）的研究表明，当经理人面对长期和短期项目的抉择时，出于在短期内建立自己声誉的私利，往往倾向于选择回报较快的短期项目，即使所放弃的长期项目更符合股东利益最大化的原则。Bebchuk 和 Stole（1993）的研究进一步指出，当经理人的能力未知且市场偏好以经理人的项目业绩评价经理人的能力时，经理人为证明自己的能力，倾向于实施偏离最大化股东利益的短期投资。

(4) 敲竹杠投资。Andre 和 Vishny（1988）的研究表明，经理人出于增加自己的专用人力资源、延长在位时间、稳固自身职位等私利，与短期投资相比更倾向于实施长期投资项目，而不论这些长期项目是否会侵害股东利益。Noe 和 Rebell（1997）通过进一步研究提出了敲竹杠理论，该理论假设当企业存在长期与短期两个互斥的投资项目时，任职较长的经理人往往选择长期投资项目，而不是遵从股东权益最大化原则，其原因在于在长期项目的现金流量实现之前，经理可以以此为由，威胁离开公司，从而从公司中获取更高的报酬，经理人的这种行为被称为敲竹杠行为。

近几年，国内很多学者也开始关于股东—经理人冲突与企业投资行为的研究。刘怀珍和欧阳令南（2004）通过理论模型推导的方法，证明了经理私人利益是企业过度投资行为产生的重要因素。柳建华（2009）从代理成本的视角，考察投资多元化对企业投资效率的影响。张兆国等（2013）在委托代理理论框架下，利用理论分析和实证检验，研究经理人晋升激励对企业投资的影响。罗付岩和沈中华（2013）将股权激励、所有权结构、代理成本与投资效率纳入一个统一的分析框架，研究股权激励对企业投资效率的影响。王艳（2005）、詹雷（2013）等则研究了股东通过设计股权激励等方法对经理人过度投资问题的抑制效应。

2. 大股东—中小股东的利益冲突

长期以来，股权分散被认为是现代企业的重要特征，股权分散也一直是企业财务学研究的基本出发点。基于此，在相当长的一段时期内委托代理理论一直关注的是股权分散模式下股东与经理人之间的委托代理冲突。随着时间的推移，在世界范围内企业的所有权结构出现越来越明显的集中趋势。学者们的研究指出，股权集中模式的出现解决了股权分散模式下的"搭便车"和集体行动难题，但同时这种模式也导致一种新型公司治理问题的出现，即大股东与中小股东之间的委托代理问题。

一般认为，大股东与中小股东之间委托代理冲突产生的条件是控制权与现金流量权的分离。其中，控制权是指关于企业决策的投票权，现金流量权是指股东依据持股比例享有的剩余索取权。对于大股东间接持股的企业来说，控制权与现金流量权的分离使大股东可以通过持有相对较少的股份达到控制上市公司的目的。一旦大股东掌握上市公司的控制权，就可能凭借这种控制权，通过各种合法或非法的渠道谋求私利。Grossman 和 Hart（1988）最早提出了控制权私有收益概念，将其定义为"大股东使用绝对多数的投票权来转移或获取公司资源，从而侵占小股东无法分享的那部分收益"。在此基础上，Andre 和 Vishny（1997）解释了产生控制权私有收益的原因，即在所有权相对集中的条件下，大股东在掌握公司绝对控制权的同时，却没有拥有与之相匹配的现金流量权，而为追求与控制权相匹配的剩余索取权，大股东有充分动机利用其手中的控制权获取私利，从而侵害了中小股东的利益。Lucian 等（1999）的研究归纳了大股东分离控制权和现金流量权的三种方式，包括金字塔结构、交叉持股结构和二元股份结构，认为控股股东主要通过这三种方式，利用关联交易、利润转移等方式侵占中小股东的财富。文中同时指出存在于大小股东之间的代理冲突也是导致在投资项目上出现非效率选择的重要原因。La Porta 等（1999）认为，在股权集中模式下，大股东及其代理人居于公司决策的主导地位，其通常以中小股东的资金投入为代价，而以个人的私有收益为目的，进行投资扩张。这种投资选择无论是否满足股东价值最大化，都会侵害中小股东的利益，也在很大程度上导致了企业的非效率投资行为。另外，Aggarwal（2003）、Baldenius（2003）、Gilson 和 Gordon（2003）、Dyck 和 Zingales（2004）等学者的研究也都支持上述结论。La Porta 等（2002）则从投资者保护角度入手研究大股东与中小股东之间的委托代理问题，指出投资者保护水平越低，大股东对控制权私有收益的攫取越容易导致企业的非效率投资行为，而 Wang（2008）通过对经验数据的验证也得到了相似的结论。

  国内学者关于大股东—中小股东冲突与企业投资行为相关性方面的研究也取得了一定的研究成果。其中针对控股股东的研究有，刘朝晖（2002）通过建立控股股东与证券市场之间相互博弈的微观经济模型，指出控股股东关联交易进行外部套利的行为是导致上市公司出现非效率投资的主要原因；唐蓓等（2011）利用我国 2005~2008 年制造业上市公司的经验数据分析两者之间的关系，也得出相似的结论，同时文中还指出我国上市公司的控股股东对企业价值兼具支持与掏空的双重影响，但掏空行为更具有长期性。针对大小股东之间的利益冲突：饶育蕾和汪玉英（2006）利用我国 2001~2003 年上市公司的经验数据为样本，重点研究大股东行为对企业投资决策的影响，实证结果表明第一大股东持股比例与投资—现金流敏感度之间显著负相关，从经验分析上证明了大股东的存在对我国企业的投资行为产生了显著影响；冉茂盛等（2010）利用随机前沿分析测度我国上市公司的投资效率，运用通径分析方法，研究大股东控制对投资效率的影响，结果表明大股东控制对我国企业的投资效率具有激励效应和损耗效应的两面性，但损耗效应整体大于激励效应。针对股权制度的研究，张冀和李辰（2005）利用我国 1998~2001 年上市公司的经验数据对企业的投资—现金流敏感性进行实证分析,实证结果发现在地方政府或一般国企控制的企业中,第一大股东持股比例与投资对现金流的敏感性呈显著的负相关关系,从而支持了投资的自由现金流假说;窦炜等(2011)分析了不同控制权配置模式下的企业投资行为,结果表明在大股东绝对控股条件下,企业的非效率投资与控股股东持股比例显著相关,同时企业的非效率投资行为会根据多个大股东之间的监督或共谋行为呈现出不同的特点;宋小保(2013)通过建立实物期权模型,研究集中股权结构下控股股东代理冲突对企业投资决策的影响,发现集中股权结构下控股股东的自利行为不仅影响大小股东之间的代理冲突,而且导致企业过度投资行为的产生。

(二) 基于信息非对称的现代企业投资理论

一般认为由于信息不对称的存在,一方面,代理人可能凭借自身所掌握的信息优势,促使满足自己私利契约的达成,从而损害委托人的利益;另一方面,委托人由于对代理人这种行为的担心而采取的契约安排可能导致对有利契约定价不足或者对不利契约定价过高的情况,这种重复博弈的结果最终导致资源配置的无效率。具体到企业投资来说,在现实的资本市场中,企业投资者(外部人)和企业投资决策者(内部人)之间存在严重的信息不对称,这种信息不对称造成企业投资决策者(内部人)可能做出满足自己私人利益的投资决策安排,导致非效率投资行为的产生,从而损害企业外部投资者的利益。

在基于信息不对称条件下股权融资对企业投资影响的研究方面,Myers和Majluf(1984)的研究取得了开拓性的成果,通过构建信息非对称条件下的企业投资决策模型,指出在信息不对称的情况下,企业管理者和股东(内部人)比市场投资者(外部人)掌握更多关于企业投资项目的相关信息,而外部投资者只能根据内部人选择的项目融资方式所传递的信息对该投资项目进行评价。具体到股权融资,如果项目选择发行新股的方式进行筹资,所传递的信息可能代表内部人对该投资项目的预期缺乏信心,从而影响外部投资者在资本市场上对新股价格的合理估值,导致股权融资成本的上升，降低企业的投资效率。Narayanan（1988）、Heinkel 和 Zechner（1990）在 Myers 和 Majluf（1984）的研究基础上进一步分析了信息非对称下的企业非效率投资行为，提出当信息不对称存在时，股权融资不仅造成企业的投资不足，也有可能造成过度投资。他们认为，当外部投资者不能直接评价上市公司某特定项目的预期收益时，资本市场会以平均价值对项目进行估值，因此公司选择投资项目时，可能出现以资本市场平均价值估计的项目取舍点不是一个正净现值，而是一个负净现值的情况。此时公司如果依据净现值原则进行投资选择，就会投资所有净现值大于这一负取舍点的投资项目，进而导致过度投资行为的发生。

在基于信息不对称条件下债务融资对企业投资影响的研究方面，一般认为在企业投资决策者（内部人）与外部债权人（外部人）之间存在信息不对称的情况下，企业的债务融资也会导致非效率投资行为的出现。Jaffee 和 Russel（1976）的研究详细分析了信息不对称条件下债务融资导致企业非效率投资行为产生的影响机制，当企业进行债务融资时，如果企业投资决策者（内部人）与外部债权人（外部人）之间关于企业现有资产价值和投资项目预期收益的信息不对称，内部人就有可能引导债权人达成有利于自己私利的契约安排，而外部债权人为应对内部人的上述行为会采取一定的风险规避行为，而这些行为正是导致非效率投资行为出现的逆向选择行为。具体来说，此时的外部债权人可能会变得更加谨慎，这样即便企业投资项目的净现值为正，也无法得到足够的贷款，或者债权人同意向企业贷款，同时考虑信息不对称的风险，提高贷款利率，增加企业的融资成本，使按贷款利率计算出的投资项目净现值从大于零变成小于零，进而导致企业投资不足现象的发生。此外在债券市场上，当存在信息不对称情况时，企业发行债券的市场价值是依据市场的平均价格进行评价的，则债券的市场价值与债券的真实价值相比可能被高估或者低估，企业的融资成本就会相应地上升或者下降，导致投资不足或者过度投资的行为出现。Stiglitz 和 Weiss（1981）从信用配给现象出发，研究信息不对称的条件下借贷市场存在的信用配给现象对企业投资的影响。其研究结果表明，信用配给现象会加重贷款方对企业项目的谨慎程度,此时即使企业愿意接受贷款方的较高贷款利率,也无法为风险高同时预期收益也高的项目筹集到充足的资金,导致企业投资不足现象的出现。Lensink 和 Sterken 的研究则得出相反的结论,其研究结果表明,在信息不对称条件下贷款方不能完全掌握项目的全部信息,很多高风险的公司正是利用这点进行盲目的扩张,在对项目的评估中忽略预期风险因素的影响,只要项目的无风险回报率大于贷款偿还额就对该项目进行投资,导致过度投资现象的发生。

在信息不对称条件下,由于公司内部管理者和股东(内部人)比外部投资者(外部人)掌握更充分的信息,外部投资者为避免损失所采取的逆向选择行为造成外源融资成本高于内源融资成本,导致企业产生信息不对称条件下的融资约束。针对信息不对称条件下融资约束对企业投资的影响,大量国外学者进行了相关研究。Fazzari 等在 1988 年的文章中利用实证分析的方法,以股利支付率衡量企业的融资约束程度,研究发现融资约束与企业的投资—现金流敏感性之间呈显著的正相关关系。此后,Gilchrist (1991)、Calomiri 和 Hubbard (1995) 等学者采用不同的变量度量企业的融资约束程度,选择不同的样本数据,对融资约束与企业投资—现金流敏感性之间的关系进行实证检验,都得到与 Fazzari 等的研究结果相似的结论。但 Hubbard 等 (1995) 同样以股利支付率衡量企业的融资约束程度,选择融资约束最严重的 49 家企业为研究样本,通过实证分析所得出的结果却表明融资约束与企业的投资—现金流敏感性之间呈显著的负相关关系。此后关于融资约束影响企业投资的研究大体分为两个方向:一是选取更合理的指标度量企业的融资约束程度,实证研究融资约束对企业投资的影响,如 Cleary (2006)、Arslan (2006) 等。二是采用现代经济学研究方法,构建基于融资约束条件下的企业投资理论模型,如 Audretsch 和 Elston (2002)、Gelos 和 Werner (2002) 等。

国内学者基于我国上市公司的经验数据,从信息不对称理论出发对我国企业的投资行为也展开了相关研究。潘敏和金岩(2003)考虑股权制度安排因素,研究信息不对称程度对企业投资行为的影响,通过构建一个包含有信息不对称和股权制度安排等因素在内的企业股权融资投资决策模型，证明了信息不对称和我国特殊的股权制度安排都促进了我国上市企业股权融资偏好下的过度投资行为。欧阳凌等（2005）考虑到我国股权制度安排中股权分置改革的影响，研究不同信息状态下的企业投资行为。其研究结果表明，与股权流通制度相比，股权分置制度下的国有资产溢价加剧了企业的投资过度行为。肖珉等（2014）考虑到我国股权制度安排中的产权性质因素，从信息不对称和制度约束两个角度分析我国不同产权性质下的投资效率问题，研究发现地方国有企业中更可能出现现金流富余—投资过度正相关的情况，而非国有企业则更可能出现现金流不足—投资不足正相关的情况。魏锋和刘星（2004）以我国制造业上市公司的经验数据为样本，实证分析了融资约束、不确定性和公司投资行为三者之间的联系，结果发现融资约束与公司投资—现金流敏感性之间呈显著的正相关关系，同时融资约束在一定程度上缓解了不确定性对企业投资的影响。屈文洲等（2011）得出与魏锋和刘星（2004）不一样的结论，通过分析信息不对称下融资约束对投资—现金流敏感性的影响，发现受信息不对称的影响，融资约束与投资—现金流敏感性之间的关系并不是线性的，同时信息不对称的水平越高，企业的投资支出越低，企业的投资—现金流敏感性越高。罗付岩（2013）则选择银企关系这一崭新的视角，研究银企关系对信息不对称和企业投资行为之间关系的影响。研究结果表明，银企关系越紧密，银企之间的信息不对称程度就越弱，企业货款的可获得性随之增加，缓解了企业的融资约束，提高了企业的投资效率。

二、基于宏观经济环境视角的企业投资理论

传统的经济学重点关注的是宏观经济环境与经济产出的关系，传统的

会计学重点关注的是微观企业行为和企业产出的关系，两者之间一直处于割裂的研究状态。事实上，宏观经济环境作为经济发展的先行指标与微观企业行为有着密切的联系，一方面，微观企业的决策行为都是在一定的宏观经济环境下做出的；另一方面，微观企业的决策行为又会反作用于宏观经济环境。因此，只有把宏观经济环境纳入微观企业行为的研究框架，才能更全面地解释微观企业行为的本质问题。

（一）国外相关研究综述

学术界对于宏观经济环境所包括的因素并没有得出一致的结论，但现有研究结果表明经济周期、股票市场、信贷市场、货币政策、财政政策等宏观经济因素对微观企业的行为（公司治理、融资活动、投资行为、内部控制等）会产生显著的影响。一般认为，宏观经济环境中最基本的因素是经济周期，而经济周期可以反映一国经济活动的整体表现；货币政策与财政政策作为重要的宏观经济政策，是一国政府调控经济发展的工具；股票市场是我国企业进行直接融资的主要渠道，而信贷市场是我国企业进行间接融资的主要渠道。基于此，本书重点选取经济周期、股票市场、信贷市场、货币政策以及财政政策五个方面的因素，整理与归纳宏观经济环境与企业投资行为相关性方面的研究文献。

很长一段时期以来，对于企业投资行为的研究都是针对公司内部因素与投资行为的关系，而忽视了宏观经济因素的影响。近年来，已经有国外学者开始关注宏观经济环境与微观企业投资之间的关系。Baum 等（2009）的研究认为，宏观经济不确定性的提高会造成资源配置扭曲程度的加重，进而导致微观企业投资效率的下降。Baum 等（2006）、Yoon 和 Ratti（2011）则指出了宏观经济不确定性作用于微观企业投资行为的另一种渠道，即宏观经济政策可以直接作用于企业的外部需求（销售），同时企业的外部需求（销售）对微观企业的投资行为可以产生显著的影响。Fakhfakh（2012）等通过理论分析提出，微观企业的投资决策不仅与企业内部的财务因素和公司治理因素有关，也与企业外部投资环境的不确定性有着密切的联系。Elliott 等（2009）通过一个马尔科夫链切换，把宏观经济环境因素纳入研究企业投资成本变动的分析框架中。Jeon 等（2014）在 Elliott 等（2009）研究的基础上，基于宏观经济条件构建了企业的最优可逆投资决策模型发现宏观经济条件下的外生冲击对企业投资和撤资时的递延产生了显著影响。

在经济周期方面，Harford 等（2003）的研究结果表明，经济周期通过影响企业的现金持有量对企业的投资行为产生差异化的影响，即当经济周期处于相对紧缩阶段时，企业的现金持有量可以缓解因融资约束而带来的投资不足问题，而当经济周期处于相对扩张阶段时，企业的现金持有量则往往导致企业的过度投资问题。Arslan 等（2006）以 2001～2010 年土耳其上市公司的经验数据为样本，实证分析金融危机对企业行为的影响，结果发现金融危机对上市公司的投资规模产生了显著冲击，而企业的现金持有量对这种冲击有缓解作用。Lins 等（2008）的研究指出，对银行借款资金依赖性较大的企业而言，当经济周期处于相对紧缩阶段时，企业从银行取得贷款的难度加大，而企业所持有的现金可以部分满足企业的投资资金需求。Duchin 等（2010）则以美国上市公司为样本展开实证分析，研究发现当经济周期处于相对紧缩的情况下，企业对外部融资的依赖程度越高，企业面临的外部融资约束更为强烈，其投资行为所受到的冲击就越大，并认为造成这种情况的原因是宏观经济的不利形势影响企业的外部融资能力，企业的现金持有量大量减少，进而导致企业的投资行为受到明显抑制。

在货币政策方面，Bernanke 和 Gertler（1989）就通过构建 CC－LM 理论模型证明了货币政策信贷渠道的存在，为货币政策的信贷渠道是传统货币渠道有效补充的观点提供了理论基础。Oliner 和 Rudebusch（1996）的研究发现，货币供给量的紧缩将导致企业投资—现金流敏感性的增加，并进一步指出这种影响与大企业相比在小企业中更为显著。Hu（1999）的研究指出货币政策的紧缩对企业投资规模的增长具有显著的负向作用，而这种影响在财务杠杆较高的企业中比在财务杠杆较低的企业中更为明显。

Beaudry 等（2001）把英国的上市公司作为研究对象，以 1970～1990 年的经验数据为样本，通过实证分析发现货币政策频繁变动使得上市公司投资规模波动显著减小，得出货币政策的不确定性使企业投资行为趋于收缩的结论。Chatelain 等（2003）利用多个国家上市公司的数据研究发现，在所研究的国家中货币政策存在着明显的货币传导渠道，即货币政策的变化影响着企业的财务状况，进而导致企业投资行为的变化，同时指出除传统的货币渠道外，货币政策的信贷渠道也会改变企业的投资行为。

在财政政策方面，Barro（1974）指出，在市场存在超额需求的背景下，政府投资的增加会对私人投资造成完全的挤出效应，而财政赤字和国债规模的扩大，可能引发通货膨胀，提高投资的资金成本，进而对私人投资造成间接的挤出效应。Barro（1980）利用新古典模型，一方面证明了政府支出对私人投资的带动作用，另一方面指出政府支出通过市场利率对私人投资所产生的挤出效应，并进一步指出临时性政府支出与持久性政府支出相比对市场利率的影响更为显著。Aschauer（1989）的研究提出，政府投资对私人投资存在两种相反的影响，一方面，政府投资的扩张导致市场利率的上升，提高了私人投资的边际成本，进而对私人投资产生了"挤出效应"；另一方面，政府投资大多集中在基础设施领域，带动了私人投资的收益率并为相关产业的私人投资带来了更多机会，进而对私人投资产生了"挤入效应"。该研究还选取美国的数据为研究样本进行实证分析，结果表明美国的政府投资对私人投资所产生的影响更多表现为"挤入效应"。Ahmed 和 Miller（2000）利用 39 个国家 1975～1984 年的面板数据为研究样本分析债务型政府支出和税务型政府支出对私人投资的影响。实证分析结果表明，首先，发展中国家的债务型政府支出对私人投资产生"挤入效应"，但在发达国家则产生"挤出效应"；其次，不论是发展中国家还是发达国家，税务型政府支出都对私人投资产生"挤出效应"。另外，采取税务型政府支出比采取债务型政府支出对私人投资所产生的"挤出效应"更大。Baldacci 等（2004）的研究指出，财政政策对私人投资所产生的"挤出效应"取决于货币需求和投资需求的利率弹性大小，即货币需求的利率弹性越大，投资需求的利率弹性越小，政府财政支出就不会或者较少引起市场利率的上升，进而对私人投资所产生的"挤入效应"就越小。

在信贷市场方面，Gupat 和 Lensink（1996）发表的一系列具有深远影响的文献表明，金融发展和信贷配置的效率对企业投资的规模和质量都具有显著的影响。Hubbard（1998）的研究指出，基于金融市场的不完善和投融资双方之间的信息不对称，大多数企业的内部资金都难以满足其投资需求，也就是说融资约束是一种普遍现象，而信贷市场可以为企业提供资金，缓解企业的融资约束，改善企业的投资不足，进而提升企业的投资效率。Allen 和 Gale（1999）的研究则基于信贷扩张的资产价格泡沫模型指出信贷扩张对企业投资效率的负面影响，即当企业利用信贷途径、使用借来的资金进行投资时，由于企业只承担有限责任，可能表现出对风险性较大项目的投资偏好，导致企业的过度投资，进而降低了企业的投资效率。Garcia–Hervero 等（2005）的研究发现，信贷市场的发展也可能对企业的投资产生显著的负面影响，主要原因在于信贷市场的盲目扩张带来了大规模不良贷款的产生，导致企业过度投资行为的产生。Kornai 等（1987）的研究发现，在社会主义体制背景下，当国有企业出现亏损时，政府往往会向其提供信贷支持、税收优惠或者财政补贴，这一现象被称为"预算软约束"，通过这种途径取得的资金往往导致国有企业资金配置和投资行为的低效率。

在股票市场发展方面，Greenwood 和 Jovanovic（1990）、Levine 等（1998）的研究都得出了相似的结论，资本市场的发展可以促进企业投资效率的提高。Baker 等（2003）的研究发现，股价波动对企业的投资行为存在显著影响，并进一步指出对股权依赖型公司而言，这种影响更大。Gilchrist 等（2005）的研究在考虑卖空约束因素的基础上，也得出股价波动对企业的投资行为有显著影响的结论，并发现投资者情绪、异质信念等因素都会导致这种影响出现差异。另外，有学者基于融资的传导途径理论，研究股价波动对企业投资行为的影响。其中 Fischer 和 Merton（1984）的研究指出，股价波动会导致企业融资成本的变动，影响企业投资新项目的未来收益，进而影响企业的投资行为与决策。

（二）国内相关研究综述

我国关于宏观经济环境对微观企业行为影响的研究起步较晚，但近几年也有学者研究宏观经济环境因素对我国企业投资行为的影响。陈艳（2013）通过实证分析宏观经济环境对我国上市公司投资机会和投资效率的影响，发现在宏观经济周期紧缩阶段，我国企业的投资机会和投资支出均出现明显收缩的情况，同时投资支出与投资机会的敏感性降低，因此宏观经济环境的紧缩状态降低了企业的投资效率。佟爱琴和马星洁（2013）从我国国有企业和非国有企业的产权性质入手，从我国上市企业2007～2011年的经验数据为样本，实证分析宏观经济环境对我国企业非效率投资的影响。研究结果发现，首先，我国企业的投资水平与宏观经济环境之间存在显著的正相关关系；其次，与非国有企业相比，国有企业的投资过度行为更为严重，而非国有企业的投资不足现象会随着宏观经济环境的趋紧进一步加剧。李彬（2013）从宏观经济环境与微观企业行为相融合的视角出发，研究了宏观经济冲击、债务激进与非理性投资三者之间的关系。研究发现，在宏观经济上行趋势下，我国上市公司更有可能发生债务激进行为，债务激进行为对企业的非理性投资具有传导作用，所以宏观经济冲击对企业的非理性投资行为存在显著的影响。王义中和宋敏（2014）从作用机制上深入分析了宏观经济不确定性影响我国企业投资行为的具体渠道，发现宏观经济不确定性主要通过外部需求、流动性资金需求和长期资金需求三种渠道作用于我国企业的投资行为，并运用我国上市公司的数据证明了以上结论。

在经济周期方面，吴慧香和梁美健（2014）通过构建投资、现金持有量与经济周期的联立方程，研究不同宏观经济周期下现金持有量与企业投资之间的关系。研究结果表明，我国企业的投资受宏观经济周期的显著影响，投资规模与宏观经济周期正相关，同时企业的现金持有量对这种正相关关系存在显著的对冲作用。胡华夏等（2014）利用我国上市公司2000～

2011年的真实数据,通过实证研究得出结论,在经济周期扩张阶段,企业的现金持有量会产生壕沟效应,导致企业的过度投资行为,而在经济周期紧缩阶段,企业的现金持有量会产生对冲效应,缓解了企业的投资不足现象。

在货币政策方面,张西征等(2012)利用脉冲响应函数,选取我国上市企业数据为样本,分析货币政策影响公司投资的需求效应和供给效应。研究结果表明,我国货币政策对企业投资行为的影响既存在需求效应又存在供给效应,并进一步指出货币政策对低融资约束企业投资影响的需求效应强于高融资约束公司,而供给效应则相反。龚光明和孟渐(2012)选取我国制造业上市公司季度数据为研究样本,研究货币政策对企业投资行为的影响,研究结果指出我国货币政策的收缩显著抑制了企业的投资行为,而我国货币政策的扩张则显著促进了企业的投资行为,同时这种影响在融资约束较强的企业中更为显著。张前程(2014)利用1999~2012年我国上市公司的数据为样本,实证分析货币政策对我国企业投资决策的影响,发现货币政策对我国企业投资存在显著影响,并进一步指出货币政策的变动对我国非国有企业的投资行为影响较大,而对国有企业的影响较小。刘星等(2014)研究了货币政策对我国企业投资行为的影响途径,研究结果进一步证实了货币政策对我国企业的投资既存在供给效应又存在需求效应,同时指出货币供给量越大,企业投资—现金流敏感性越低,从而刺激企业的投资行为;反之,则抑制企业的投资行为。韩东平和张鹏(2015)基于企业契约理论,引入内外部管理要素,借助"哈邓克三角",从理论上分析货币政策对企业投资效率的影响,并选取2003~2012年我国民营上市公司的数据为样本进行实证分析。研究结果表明,在宽松的货币政策背景下,极易出现扭曲的利率信号,降低企业投资效率,因此在宽松的货币政策下,外部管理能力较强的民营企业会获得更多的信贷资金,进而导致企业过度投资现象的出现,降低企业投资效率。张超等(2015)以我国上市公司为研究对象,分析货币政策传导渠道、宏观经济增长与企业投资效率之间的相关性,研究结果显示在不同的宏观经济增长环境下货币政策传导渠道对企业的投资效率产生了差异化的影响。

在财政政策方面，刘溶沧和马拴友（2001）通过实证分析赤字、国债、利率，私人投资和经济增长之间的关系，得出结论我国的赤字和国债规模对私人投资没有产生显著的"挤出效应"，即财政赤字没有使市场利率显著上升，同时政府投资的扩张也没有对私人投资产生显著的挤出效应，进而为我国在社会总需求不足时实行扩张性财政政策提供了一定的理论支持。董秀良等（2006）研究了我国政府的财政支出对私人投资所产生的效应，结果表明短期内我国财政支出的扩张对私人投资存在一定的"挤出效应"，而从长期看我国财政支出的扩张对私人投资则更多表现为"挤入效应"。李永友和周达军（2007）依据凯恩斯模型和新古典总供需模型为基础，构建了财政政策利率效应的分析模型，并利用我国数据进行实证分析，得出结论我国财政政策对市场利率的影响并不显著，即我国财政政策通过利率机制对私人投资需求所产生的"挤出效应"很小或者并不存在。杨俊和王燕（2007）利用面板数据模型分别考察财政政策对我国东部、中部、西部私人投资的影响，结果发现扩张性财政政策对我国东部、中部、西部的私人投资都存在一定的带动效应，进而证明了扩张性财政政策在我国大部分地区的有效性。陈浪南和柳阳（2014）以我国相关数据为样本，采用 MS-VAR 模型实证分析我国财政政策对私人投资的影响是否存在非线性特征，结果表明我国财政政策对私人投资所产生的效应存在显著的非线性特征，即在投资需求不足时期，政府财政支出的扩张显著促进了私人投资的增长，而在投资需求旺盛时期，则出现显著的抑制效应。

在信贷市场方面，何建明（2006）在信贷市场不完善的情况下，基于多层委托代理框架，分析了银行的超额信贷供给和信贷配给共存的现象，并指出这种共存现象一定程度上解释了部分企业投资过度与部分企业投资不足并存的问题。刘康兵等（2007）在关于资本市场不完美条件下企业投资行为的研究中，利用一个标准的借贷模型解释了信贷市场的配给与歧视现象，并进一步指出信贷配给与歧视所产生的外部融资溢价导致企业对初始计划投资的削减，而削减幅度取决于企业的净财富水平。张敏等

(2010)研究了我国的信贷资源配置与企业投资效率的相关性,结果表明处于过度投资状态的企业往往获得了更多的银行贷款,且过度投资程度越大获得的银行贷款越多,并进一步指出由于我国信贷市场的低效运行,更多的信贷资金流向了处于过度投资状态的企业,进而加剧了企业投资效率的降低。俞鸿琳(2012)利用我国 2002~2009 年上市公司的数据实证分析银行贷款对企业投资效率的影响,结果发现对于缺乏银行贷款支持的企业,国有和非国有企业都存在投资不足的现象,而对于获得银行贷款支持的企业,国有企业的投资行为发生显著变化,出现明显的过度投资现象,但非国有企业的投资行为变化并不显著,且不存在明显的过度投资现象。

在股票市场方面,余明桂等(2003)在研究我国股票市场的发展对居民消费和企业投资影响的过程中,发现我国股票市场存在一定的投资带动效应,但这种投资效应并不明显。刘思佳(2010)在关于货币政策的实施通过股票市场传导机制影响实体经济投资的研究中得出结论,股票市场具有作用于实体经济发展的投资效应。周业安和宋翔(2010)利用我国制造业上市公司的数据,通过实证分析发现,股价变化和企业投资之间存在显著的正相关关系,并进一步指出我国股票市场的剧烈波动会提高企业的融资成本,进而降低企业的投资规模。

三、现代企业融资理论

因为早期的企业融资理论往往基于经验提出,缺乏令人信服的证据。Modigliani 和 Miller(1958)提出了著名的 MM 理论。MM 理论是通过严格的数学推导得出的,因此被认为是一种严格的、科学的理论,也被认为奠定了现代企业融资理论的基础。MM 理论在最初阶段,基于一系列严格假设的前提,得出企业的价值与企业融资方式无关的结论。之后 MM 理论得到不断地发展，所得出的结论也不尽相同。一般认为 MM 理论经历了三个主要的发展阶段，包括 MM 理论的无公司税模型、MM 理论的公司税模型和米勒模型。

整体而言，现代企业融资理论是在 MM 理论的基础上建立的。因此本节简要梳理 MM 理论不同发展阶段的主要成果与结论，同时简要介绍 MM 理论后有关现代企业融资理论的新发展和主要观点。

（一）MM 理论概述

MM 理论的无公司税模型建立在一系列假设之上，主要有：第一，公司在无税收的环境下经营；第二，公司无破产成本；第三，高度完善与均衡的资本市场，即充足信息；第四，公司为零增长公司，即 EBIT 固定不变；第五，投资者对公司未来收益与风险的预期是完全相同的，并通过严格的公式推导最终得出结论，有负债企业的权益融资成本等于无负债企业的权益融资成本加上一定的风险报酬，且风险报酬的多少由企业的负债融资比例决定。

MM 理论虽然在逻辑上是合理的，但在实践中却备受质疑。Modigliani 和 Miller（1963）对最初的 MM 理论进行了修正，主要是考虑公司税率因素的影响，得出完全不同的结论，企业的负债融资会因为利息减税的原因增加企业的价值，即企业的负债融资比例越高，企业的价值越大。

MM 理论在考虑公司所得税后，得出与不考虑所得税因素完全相反的结论，企业负债融资可以提高企业价值，即企业的最优融资方式是全部资本来自于负债，这一结论显然与现实不符。为此，Miller 在 1977 年考虑了公司所得税与个人所得税因素，构建了米勒模型，重新解释了负债融资对企业价值的影响。米勒模型说明，只考虑公司所得税的 MM 理论高估企业负债融资所带来的好处，考虑个人所得税因素后抵销了部分因企业负债增加而产生的节税收益，但米勒模型依然认为提高企业的负债融资比例，对企业的价值来说是最优的选择。

权衡理论是 MM 理论的重要分支。MM 理论认为，提高企业的负债融资比例对企业的价值来说是最优选择,而忽略由债务增加所带来的企业风险的增加。企业风险的增加会给企业带来额外的成本,因此企业在进行融资方式选择时,应权衡负债的节税收益与风险上升所带来的额外风险成本,而这种权衡正是权衡理论的基本观点。

(二) 企业融资理论的发展

MM 理论之后,学者们在对企业融资行为的研究中逐步放宽了对外部市场环境的严格假设,其中的几种主要理论如下。

1. 信息不对称理论

MM 理论的其中一个重要假设是信息充分,依据这一假设企业管理者与投资者双方对企业未来收益的预期都是基于同样的充分信息做出的,但在现实中这个假设是无法满足的。企业管理者比投资者更加了解企业的经营情况,在预期中拥有关于企业的更多信息,所以说这是一个信息不对称的环境。1977 年,Rosss 首次把信息不对称理论引入企业的融资行为理论中,给企业融资行为理论的研究带来了重大冲击,在不对称信息理论的基础上延伸出债务比例信号传递理论、优序融资理论、委托代理理论等。

(1) 债务比例信号传递理论,是由 Ross 在 MM 理论的基础上放宽关于充分信息假设的前提下提出的。Ross 认为,企业管理者对于企业的未来收益拥有内部信息,对这种内部信息,企业的外部投资者是无法得到的。外部投资者对于企业未来收益的预期无法通过直接方式获取,只能通过企业管理者输出的信息间接地做出预测。企业的负债融资比例被认为是一种管理者向市场传递的关于企业内部信息的信号,对企业负债融资比例的增加则被认为是一种积极信号,代表企业管理者对企业的未来收益更有信心。因此债务比例信号传递理论指出,企业的负债融资可以促使企业管理者更加努力的工作,增加企业投资者对企业未来前景的信心,降低企业的融资成本,从而得出企业的负债融资比例与企业价值正相关的结论。但债务比例信号传递理论存在致命缺点,即该理论忽略管理者向市场输出错误信号的情况。

(2) 优序融资理论，是由 Majluf 和 Myers 在 Ross 模型的基础上提出。该理论同样假设企业管理者与投资者之间关于企业内部信息的掌握是不对称的，同时企业是否发行股票的决策是以股东利益最大化为原则的。优序融资理论认为，当企业面临收益较高的投资项目时，股东为避免股份被稀释会倾向于负债融资；反之，当企业面临收益较低的投资项目时，股东倾向于权益融资，吸纳新的股东分担损失。因此对于企业的投资人来说，企业选择负债融资方式就是积极信号，而权益融资方式则是消极信号。基于上述推论，优序融资理论指出企业的融资行为应该是具有一定的优先顺序的。具体而言，企业的最优融资顺序首先是内源资金，因为其成本最低，同时风险最小。如果企业的内源资金无法满足企业需求，再考虑外源资金。在企业的外源资金中，负债融资是首选，之后是权益融资，原因是权益融资会向投资者传递关于企业未来前景的消极信号。

(3) 委托代理理论，是由 Jensen 和 Meeckling 在信息不对称理论的基础上于 1976 年首次提出的。该理论的基本观点是，企业融资行为的选择可以有效抑制企业经营者的自利行为，促使企业经营者实现企业价值最大化的目标。该理论假设企业控制权与所有权的分离，企业股东极少参与企业的经营，所以经营者与股东在掌握企业内部消息的充分程度上是不对称的，这也使得企业经营者获得利用这种信息不对称的状况为自己谋求私利的机会。为有效约束企业管理者的自利行为，股东往往不得不面对额外的监督、约束等代理成本。委托代理理论认为负债融资是有效降低代理成本、缓解股东与企业管理者利益冲突的有效途径。负债融资可以有效降低代理成本的原因有两方面：一方面是负债融资具有还本付息的压力，进而增强了对企业经营者的破产压力和可支配的流动资金；另一方面，企业的负债融资比例越高，企业经营者的持股比例也就越高，股东与企业经营者的利益冲突就越小。综上所述，委托代理理论的核心观点是企业适当增加负债融资的比例可以有效缓解股东和企业经营者的利益冲突，进而减少代理成本。

2. 后企业融资理论

20 世纪 80 年代后期，在信息不对称理论之后，控制权理论在企业融资行为的研究中备受关注。控制权理论是基于美国出现大量敌意与防御敌意收购现象的背景下提出的。该理论认为，通过改变企业经营者与外部投资者之间的股权结构，可以利用企业的融资结构影响收购竞争的结果。具体来说，控制权理论认为股权对企业的经营拥有表决权，而债权则没有，所以调高企业的负债融资比例，可以有效避免企业经营权被接管的可能，达到防御收购的目的。但需要特别指出的是，企业的负债融资比例并不能无限制扩大，因为随着企业负债比例的提高，企业的破产成本和代理成本会提高，即企业陷入财务危机的风险加大。

Aghion 和 Bolton 于 1988 年在控制权理论的基础上首次提出控制权转移理论，被认为是控制权理论的重大突破。该理论认为，投资者与经营者的利益冲突可能造成两种情况：一是企业的经营状况良好，企业的控制权由管理者掌握；二是企业的经营状况不佳，存在严重的破产压力，企业的控制权会从企业的经营者转移到企业的投资者手里。针对不同情况，控制权转移理论提出最优的融资行为建议：第一，如果企业的经营权由管理者掌握，企业应首先考虑权益融资方式；第二，如果企业的经营权由投资者掌握，企业应首先考虑优先股融资方式；第三，如果企业处于控制权配置状况，企业必须考虑提高负债融资比例。

值得一提的还有产业组织理论，重点研究企业的融资行为与产品市场竞争之间的关系，具有代表性的理论是竞争战略与掠夺战略理论。竞争战略由 Brander 和 Lewis 在 1986 年提出，该理论利用一个两阶段的双寡头垄断古诺竞争模型证明了负债融资比例较高的企业会采取激进的产量策略迫使对手降低产量，因此负债融资被认为是一种获得战略竞争优势的途径。掠夺战略理论由 Bolton 和 Scharfstein 在 1990 年提出，该理论在掠夺性竞争策略下构建了一个两阶段的双寡头博弈模型，研究市场竞争与企业融资行为之间的关系。掠夺战略理论的核心观点是，企业的负债融资水平应在企业的代理成本问题和掠夺性定价问题之间权衡。

四、宏观视角的企业融资行为文献综述

当学者们开始将企业的融资行为放置到现实的背景中开始研究时,从宏观角度展开的关于企业融资行为的研究也就开始了。本书首先从国家因素和宏观经济因素两个方面,对从宏观角度研究企业融资行为的国外文献进行综述;其次对国内关于宏观经济因素对企业融资行为影响的相关文献进行梳理与评述。

(一) 国外研究现状

1. 国家因素

西方学者很早就从理论上提出,处于不同国家的企业其融资行为会存在巨大差异,即国家因素对企业的融资行为会产生巨大影响。Kester (1986) 以美国和日本上市企业的融资行为为例,证明了国别因素对企业融资的影响。具体来说,Kester 认为日本比美国企业的融资安排倾向于更多的负债融资,从理论上说是因为日本公司股权结构和银企关系减少了日本企业的负债融资成本,加之日本政府对各企业负债的隐性担保也起到了一定的缓解效应。在实证分析中,Kester 构建了回归方程,利用 OLS 估计,采用国度虚拟变量,其实证结果也表明,当融资结构是基于账面价值度量时,日本上市公司的平均债务融资比率显著高于美国上市公司的平均水平。Rajan 和 Zingales (1995) 利用西方七大工业国 1987~1999 年非金融企业的数据进行实证分析,研究不同国家企业之间的融资行为差异。在比较分析中,Rajan 和 Zingales 使用了不同的指标衡量企业的融资结构,其实证结果表明英国和德国在西方七大工业国中具有最低的负债融资比率,而其他国家的负债融资比率非常相近。Booth 等 (2001) 以 10 个发展中国

家的上市公司经验数据为样本，对企业的融资行为进行实证分析。研究结果发现，发展中国家企业的融资结构中长期负债所占比例普遍显著低于发达国家。该文同时指出企业的财务因素变量和国家因素对企业融资结构选择的影响同样重要，而实证结果也支持了这种观点，即企业的财务因素变量和国家因素对企业融资结构变量的解释程度在回归方程中非常相近。

2. 宏观经济因素

早在1980年，De Angelo和Masulis就从理论上解释了通货膨胀因素对企业负债融资比率的影响，并提出通货膨胀降低了企业负债融资实际成本的观点。Kim和Wu（1988）的实证研究也证明了上述观点，即通货膨胀水平的增加促进了企业负债融资水平的增加。Duffee（1998）从理论上解释了利率因素对企业负债融资比率的影响，得出结论国库券收益和国库券期限收益都可以直接影响违约和权益溢价，同时国库券期限差价与违约溢价负相关、与权益溢价正相关，以及利率期限结构可以显著影响企业的融资行为与决策。

Nejadmalayerz（2001）构建了一个Probit模型，实证分析宏观经济因素对企业融资选择的影响。实证结果表明，首先，利率期限结构显著影响企业的融资结构，其中短期国库券收益与企业的负债融资比例显著正相关，长期国库券收益上升也与企业的负债融资比例显著正相关；其次，通货膨胀因素显著影响企业的融资结构，通货膨胀程度与公司的负债融资比例显著负相关。Korajczyk和Levy（2003）利用1984~1998年美国上市公司的数据为样本，构建Probit模型，实证分析宏观经济因素和公司特征因素对企业融资结构的影响。实证结果表明，首先，宏观经济因素可以解释企业融资结构变化的12%~51%；其次，对于无财务约束的企业来说，宏观经济因素能显著影响其融资结构，但对于财务约束企业则不然。另外，无财务约束的企业可以依据宏观经济因素的变化，随时调整企业的融资结构，做出更有利的融资决策，而具有财务约束的企业则不能。

Levy和Hennessy（2007）从代理理论入手，构建静态回归模型，研究宏观经济因素对企业融资行为的影响。通过模型推导，他们得出以下结论：对于投资者倾向保护的效益较好的公司来说，融资负债比率在宏观经济紧缩时高于扩张时，即权益融资比率变化呈现顺经济周期效应，融资负债比率变化呈现反经济周期效应，但对于投资者保护较差的公司，权益融资比率和融资负债比率的变化都呈现顺经济周期效应。Chen（2010）在构建一般生产函数的基础上，利用多阶段的马尔科夫链把宏观经济因素嵌入到该生产函数中，分析企业的融资行为在不同宏观经济条件下的差异，其研究结果表明企业的风险资产定价、财务困境成本都呈现出显著的反经济周期效应。

Abzari 等（2012）研究宏观经济变量对财务经理所做出的资本结构决策的影响，以100家在德黑兰证券交易所上市的公司为样本，所得出的实证分析结论并没有发现宏观经济变量与企业资本结构之间存在显著的相关性，然而财务管理者的问卷调查结果却显示通货膨胀率、汇率和利率等宏观经济变量对财务经理所做出的资本结构决策都有着重要影响。

Muthama 等（2013）以肯尼亚上市公司的相关数据为样本，利用多元线性回归模型，实证分析了宏观经济因素对企业资本结构的影响。结果显示，国内生产总值的增长对企业的负债融资比例具有积极影响，通货膨胀率的增长对企业负债融资的比例具有消极影响。

Mokhova 和 Zinecker（2014）研究了宏观经济对企业资本结构的影响。文中选择了7个欧洲国家上市公司在2006～2011年的相关数据为样本，经过实证分析得出结论，新兴国家的管理者所做出的融资策略往往会受宏观经济因素的影响。

（二）国内研究现状

近年来，国内也零星开始出现从宏观角度研究企业融资行为的文献，主要集中于宏观经济因素对企业融资结构的影响。原毅军和孙晓华（2006）考虑企业融资的外部条件影响，认为宏观经济状况、资本市场发育程度和宏观经济政策都是影响我国企业融资结构决策的重要外部条件因素。该文在理论分析宏观经济要素对企业融资结构选择影响的基础上，以我国 221 家上市公司 1995~2004 年的年度数据为样本，构建回归模型，进行实证分析。所得结果表明，宏观经济要素与我国企业的融资结构优化之间存在显著的动态关系，即企业的融资负债比率与上一年的 GDP 增长率呈显著的正相关关系，而企业的融资负债比率与上一年的通货膨胀率、实际贷款利率和财政支出增长率都呈显著的负相关关系。赵冬青等（2008）研究了宏观调控因素对我国房地产上市公司融资结构的影响。该文以我国 A 股房地产开发与经营行业的 62 家企业 1998~2007 年的年度数据为样本，构建回归模型，对我国宏观调控因素设置虚拟变量进行计量分析。实证结果表明，首先，宏观调控之后，我国房地产上市公司的负债融资比率显著提高；其次，宏观调控的变化也影响着我国房地产上市公司的负债融资期限，即宏观调控后公司的长期借款显著增加，而短期借款显著减少。另外，宏观调控造成了我国房地产上市公司贸易应付款的显著增加。该文的研究结果证明了对我国的房地产上市公司来说，融资结构决策并不完全是企业自主决策的结果，宏观调控因素也是重要的影响条件。黄辉（2009）研究了制度因素和宏观经济因素对我国企业融资结构选择及其调整速度的影响，以我国非金融上市企业在 1997~2006 年的非平衡面板数据为样本，构建回归模型，进行实证分析。该文的实证结果表明，首先，我国破产法的适用范围因素、地区法制建设的完善程度因素、地区金融发展因素等制度因素对我国企业的融资结构都能产生显著的影响；其次，我国企业的融资结构在较好的宏观经济背景下有较快的调整速度，即我国企业的融资结构调整具有一定的市场时机行为。另外，宏观经济环境不仅直接影响我国企业的融资结构选择，还可以通过企业的特征因素对融资结构产生间接的影响。苏冬蔚和曾海舰（2009）从宏观经济视角入手，结合我国的制度环境与融资结构权衡理论、最优融资顺序理论和市场择机假说等基础理论，以我国上市的 1042 家非金融类企业在 1994~2007 年的年度数据为研究样本，运用面板数据分数响应和分位数回归的非线性估计方法进行实证分析，实证结果表明，我国上市公司的融资结构呈现出显著的反经济周期效应，即宏观经济周期上行时，企业的负债融资比率下降；反之企业的负债融资比率上升。信贷违约风险与企业的负债融资比率呈显著的负相关关系。信贷配给及股市整体表现与企业的负债融资比率之间的相关性并不显著。该文的实证结果也支持了宏观经济因素是影响我国企业融资结构选择重要因素的观点。卢斌等（2014）以我国上市的14家商业银行在2003~2010年间的非平衡面板数据为研究样本，结合银行业性质，实证研究宏观经济因素对银行资本结构的影响。该文通过构建相关模型，利用GMM估计方法，发现银行的资本结构呈显著的反经济周期变化，货币供应量的增加对银行的资本结构有显著的正效应，但信贷总量对银行资本结构的影响并不显著。这一实证结果也表明，宏观经济因素对银行的资本结构有着重要影响。李勇（2014）以我国上市公司2001~2011年的相关数据为样本，构建了资本结构动态调整模型，分析宏观经济周期性因素对企业资本结构调整速度的影响，并考虑了企业所有权性质因素和企业所受融资约束的程度。实证结果表明，我国上市公司的资本结构调整速度呈现出显著的顺经济周期变化；对不同所有权性质的企业来说，经济周期对资本结构调整的影响不存在明显的差异；企业规模是影响企业融资约束的重要因素，且企业的融资约束程度呈现出显著的逆经济周期变化。吕峻和石荣（2014）利用我国1999~2013年上市公司和宏观经济的面板数据，实证分析了宏观经济因素对企业资本结构的影响，得出结论：经济周期对所有杠杆类型企业的资本结构都具有顺周期影响；信贷市场只对低杠杆企业的资本结构具有顺周期影响，而对高杠杆企业则为逆周期影响；股票市场对所有杠杆类型企业的资本结构都具有逆周期影响。另外，通过综合分析权衡理论、最优融资顺序理论和市场择机理论，认为权衡理论最能充分解释企业资本结构的长期变化。舒海棠和万良伟（2015）以1998~2013年我国制造业的上市公司为样本，研究宏观经济条件对企业资本结构的影响，并考虑融资约束程度的不同，其研究结果表明宏观经济趋于衰退时，融资约束型企业偏好降低资产负债率，而非融资约束型企业则更偏好于提高资产负债率。周兰和刘璇（2016）以我国上市公司2014~2013年的经验数据为样本，实证分析宏观经济波动、负债融资和企业价值三者之间的关系，所得结论指出与宏观经济景气时期相比，企业在宏观经济不景气时期对负债融资方式的运用更为积极，同时在宏观经济不景气时期负债融资的增加对企业价值的提高效应也更为显著，从而丰富了宏观经济波动影响微观企业负债融资行为和经济后果的相关研究。

五、本章小结

本章作为本书的文献综述部分，重点阐释了企业投融资理论的演变轨迹。本章按照本书的研究思路，主要从企业投资行为和融资行为两方面进行文献评述。从企业投资理论看，首先基于公司治理机制、信息非对称性两个研究角度，简要介绍了现代企业投资理论；其次结合本书的研究视角，对宏观经济环境下企业投资问题的主要理论和相关文献进行归纳。从企业融资行为看，首先介绍了基于MM理论的现代企业融资理论；其次结合本书的研究视角，对宏观经济环境下企业融资问题的主要理论和相关文献进行归纳。从上述两个方面构建研究的理论基础，为后文进一步研究的展开提供了坚实的理论依据。

本章的理论分析和文献梳理表明，首先，随着公司财务理论和公司治理理论的相互融合以及企业契约理论、委托代理理论、信息经济学等新制度经济学理论在企业财务研究领域中的应用，有关企业投融资行为的研究逐步从新古典框架下的传统企业投融资理论过渡到现代公司治理理论框架下的现代企业投融资理论。其次，随着宏观经济环境与微观企业行为互动为基础的研究框架的提出，宏观经济环境作为外生变量对企业投融资决策产生的影响逐步引起学术界的重视，把微观企业的投融资决策放到宏观经济环境的大背景中研究，已经成为现阶段研究企业投融资行为的热点与方向。

第三章
理论分析

本书主要研究的是企业负债融资和投资行为所面临的宏观经济环境，所以宏观经济因素的选取就成为重中之重。一方面，Abel 和 Bernanke 在其经典著作《宏观经济学》中将宏观经济定义为：对国民经济结构和表现以及政府的宏观经济政策的研究。依照这一定义，宏观经济不仅包括一国经济的总体发展情况，还包括一国所推行的各项宏观经济政策。因此，本书选取经济周期来代表宏观经济环境中的"一国经济的总体发展情况"，选取货币政策和财政政策来代表宏观经济环境中的"一国所推行的各项宏观经济政策"。一般认为，宏观经济环境中最基本的因素是经济周期，经济周期可以整体反映一国的经济活动，而货币政策与财政政策作为基本的宏观经济政策，是一国政府调控经济发展的常见工具。另一方面，本书侧重研究的是宏观经济环境对我国企业负债融资和投资行为的影响，资本市场就成为宏观经济环境中不能忽视的因素，而信贷市场和股票市场是我国企业外部融资的最主要渠道，其中信贷市场是我国企业进行间接融资的主要渠道，而股票市场是我国企业进行直接融资的主要渠道，因此，又添加了股票市场和信贷市场作为本书所研究的宏观经济环境因素之一。基于以上分析，本书最终从经济周期、经济政策（货币政策和财政政策）、资本市场（信贷市场和股票市场）三个维度，选取共计五个方面的因素，刻画我国企业投融资行为所面临的宏观经济环境，并通过本章的理论分析详细论述。

本章的主要内容：首先，构建本文的理论模型，在阐述宏观经济环境与微观企业行为关系理论框架的基础上，构建一个宏观经济环境、负债融资与企业投资行为的逻辑分析框架，分析宏观经济环境影响微观企业投融资行为的理论作用机制，为本章展开的关于宏观经济环境对企业负债融资和投资行为影响的理论分析奠定坚实的基础，并为第五章、第六章和第七章的实证分析提供逻辑思路的指导；其次，为深入分析宏观经济环境、负债融资和企业投资行为三者之间的关系，分为宏观经济环境对企业投资行为的影响、宏观经济环境对企业负债融资的影响和负债融资对企业投资行为的影响三个方面，从不同理论出发，进行详细的理论机制阐述。

一、理论模型的构建

（一）宏观经济环境与微观企业行为的理论关系框架

曼昆的经典著作《宏观经济学》中认为宏观经济学是对整体经济的研究，依据这一定义宏观经济环境应该包括反映一国经济整体情况的各项指标。需要指出的是，宏观经济环境也是微观企业行为产生的基本环境，因此微观企业的行为必然受宏观经济环境的影响，但宏观经济环境因素对微观企业行为的影响作用始终被摒弃在研究微观企业行为的模型之外。很长一段时期以来，研究微观企业行为的公司财务学术界与研究宏观经济环境的经济学术界之间存在严重的割裂状态。近年来逐渐开始有学者关注宏观经济环境对微观企业行为的影响，所涉及的宏观经济环境因素众多。

微观企业行为主要包括公司治理、商业模式、财务管理、投融资等。微观企业行为的结果是企业产出，包括企业业绩、企业收入、成长性等，而所有微观企业行为的集合构成宏观经济的产出。图3-1概括了宏观经济环境和微观企业行为之间的互动过程框架，我们从宏观经济环境出发，将这一过程划分为以下四个步骤。

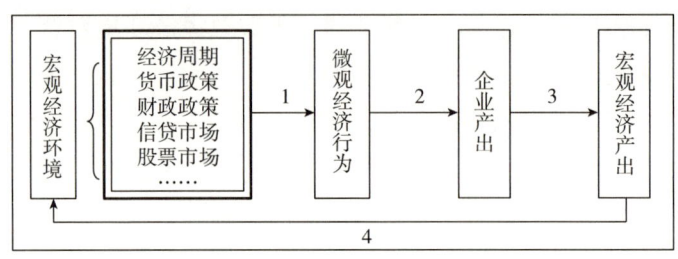

图3-1 宏观经济环境与微观企业行为互动关系示意图

1. 宏观经济环境对微观企业行为的影响

在这一环节，宏观经济环境可以通过不同的途径影响微观企业的行为。例如，宏观经济周期可能影响企业的经济前景预期、产品市场需求等，导致企业投资策略和营销策略等行为的变化；股票市场和信贷市场通过直接影响企业的融资成本，对企业的融资方式、现金持有等决策产生显著影响；宏观经济政策的实施能够间接影响微观企业行为，其中货币政策主要通过货币供应量、市场利率、信贷规模等渠道，而财政政策主要通过财政支出、财政补贴、税收收入等渠道。

2. 微观企业行为影响企业产出

在这一环节，微观企业行为决策的变化导致企业产出的变动。微观企业的行为决策包括治理结构、资本结构、投资决策等方面，而微观企业的产出可能表现为生产能力、销售收入、盈利状况、成长性、竞争力等多种形式。

3. 微观企业产出的群体变动体现为宏观经济产出的变动

在这一环节，由于所有微观企业产出的加总构成宏观经济产出，我们认为微观企业产出的波动能够影响宏观经济产出的变化。对宏观经济产出的衡量主要包括GDP、通货膨胀率、失业率、进出口总额、固定资产投资总额等方面，而微观企业产出的群体变动正是通过上述多个方面影响宏观经济的产出。

4. 宏观经济产出的变动导致宏观经济环境的变化

在这一环节，宏观经济产出的变动可能通过市场或者政府途径导致宏观经济环境的变化。一方面，宏观经济产出的变动作为宏观经济周期的重要决定因素，可以通过对产品市场的直接影响、对资本市场的间接作用，进而对微观企业行为产生新一轮的影响；另一方面，政府将根据宏观经济产出的情况，调整之前的宏观经济政策，以期在下一阶段推行的宏观经济政策能够实现新的宏观经济目标，而调整后的宏观经济环境会对微观企业行为产生新一轮的影响。通过以上两方面的影响，最终实现宏观经济环境与微观企业行为之间互动关系的不断循环。

经济学一般研究的是宏观经济环境和宏观经济产出之间的关系，把图 3-1 中前 3 个步骤作为一个步骤来分析，忽略了宏观经济环境对微观企业行为和产出的影响，无法揭示出宏观经济环境作用于宏观经济产出的影响传导机制。公司财务学一般研究的是微观企业行为和微观企业产出之间的关系，把图 3-1 中的第 2 个步骤作为独立的环节进行研究，忽略了宏观经济环境对微观企业行为的重要影响，不能全面真实地反映微观企业行为的形成机制。从以上分析可以看出，经济学和公司财务学研究领域的不同导致宏观经济环境和微观企业行为研究的长期割裂现象。基于这种割裂研究现状，姜国华和饶品贵（2011）指出公司财务学未来的研究重点是对于图 3-1 第 2 个步骤的拓展研究，而结合图 3-1 中第 1 个步骤开展是其中一个重要的研究方向。

（二）宏观经济环境、负债融资与企业投资行为的逻辑分析基本框架

本书理论分析部分的框架以宏观经济环境对企业负债融资和投资行为的影响为主线，重点关注以下三个方面的系列问题：①宏观经济环境是否显著影响微观企业的投资行为？基于不同的理论分析，经济周期、货币与

财政政策、信贷市场和股票市场等宏观经济环境因素对企业的投资行为造成怎样的具体影响？②宏观经济环境是否显著影响微观企业的负债融资行为？基于不同的理论分析，经济周期、货币与财政政策、信贷市场和股票市场等宏观经济环境因素对企业的负债融资造成怎样的具体影响？③从代理成本理论和相机治理理论两方面分析负债融资对企业投资行为的影响，所得出的结论是否一致？另外，负债期限对企业投资行为造成怎样的具体影响？为回答以上问题，更好地展开本书之后的实证分析章节，本书构建了宏观经济环境、负债融资与企业投资行为三者之间关系的逻辑分析框架，如图3-2所示。

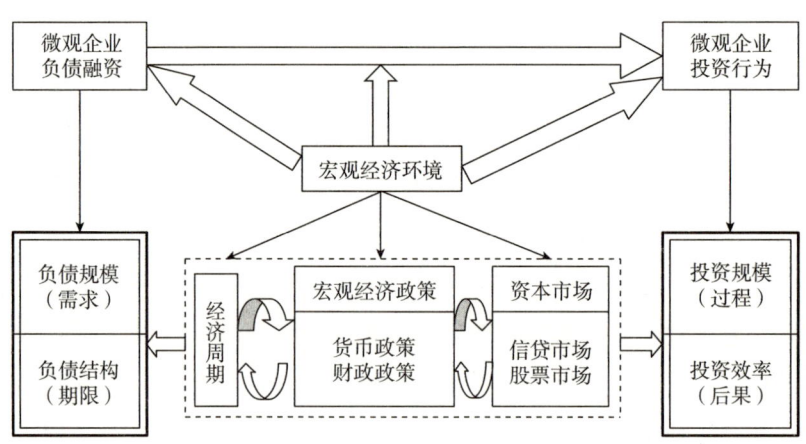

图3-2　宏观经济环境、负债融资与企业投资行为的逻辑分析框架

基本框架的具体研究思路如下：首先，从理论分析上证明微观企业的投资行为处于一定的宏观经济环境中，即宏观经济环境中的经济周期、货币政策、财政政策、信贷市场、股票市场等因素能够显著影响企业的投资行为，同时依据我国的制度背景，利用我国上市公司的经验数据，在本书之后的第五章中实证分析经济周期、货币政策、财政政策、信贷市场发展、股票市场发展等宏观经济环境因素对我国企业投资行为的具体影响（本书对于企业的投资行为，主要从投资规模和投资效率两个维度进行刻

画,其中投资规模作为企业投资行为的过程、投资效率作为企业投资行为的经济后果);其次,从理论分析上证明微观企业的负债融资行为处于一定的宏观经济环境中,即宏观经济环境中的经济周期、货币政策、财政政策、信贷市场、股票市场等因素能够显著影响企业的负债融资,同时依据我国的制度背景,利用我国上市公司的经验数据,在第六章中实证分析经济周期、货币政策、财政政策、信贷市场发展、股票市场发展等宏观经济环境因素对我国企业负债融资的具体影响(本书对于企业的负债融资,主要从负债比例和负债期限两个维度进行刻画);最后,从代理成本理论和相机治理理论两方面论述负债融资对企业投资行为的影响,并考虑我国制度背景下宏观经济环境所起到的调节效应,利用我国上市公司的经验数据,在第七章中实证分析负债融资对我国企业投资效率的具体影响,以及宏观经济环境在负债融资与企业投资效率两者之间关系中所起的调节效应。

二、宏观经济环境对企业投资行为的影响

(一) 经济周期影响企业投资行为的理论分析

现代投资理论认为企业的投资活动仅与投资机会有关,即当面临好的投资机会时企业应扩大投资规模,而当面临差的投资机会时企业应缩小投资规模,因此企业的最佳投资规模只有满足期望投资收益率与资本成本相等时才能实现。但企业的期望投资收益率与资本成本均处于一定的宏观经济环境下,因此宏观经济环境就可以通过对期望投资收益和资本成本的直接影响,间接影响企业的投资行为。对于宏观经济环境中的基本因素经济周期,传统理论分析中一般认为经济周期主要通过产品市场的需求变动和

资本市场上资金供求的变动影响微观企业的行为。

1. 产品市场传导机制

经济增长的周期性波动往往导致市场需求相应的增长与萎缩，经济学中认为这种需求的波动是由需求的收入弹性引起的。因为收入是影响需求的最主要因素之一，当居民收入增加或减少往往伴随着居民对产品需求相应的增加或减少，而产品需求变化对收入变化的反映程度就是产品需求的收入弹性。

当经济周期处于恢复或者扩张阶段时，居民的收入、企业的利润和政府部门的财政收入都相应增长，导致居民、企业和政府部门增加对产品的购买额度或者调高消费结构，可见经济增长可以促进社会总需求的增长。因此，在忽略供给滞后和供求失衡的前提下，需求增加往往会带动企业生产规模的扩大。具体而言：一方面，产品市场需求的扩大可以带动企业销售与收益的相应增加，为满足不断增长的需求，企业往往会做出扩大投资的决策，同时由于销售增长所增加的内部资金也可以为企业进行投资提供很多的支持；另一方面，良好的市场前景预期可以带来项目预期未来现金流的增加，净现值为正的投资机会相应增加。可见，在经济恢复或者扩张阶段，企业有能力也有动机扩大投资。

当经济周期处于紧缩或者萧条阶段时，居民的收入、企业的利润和政府部门的财政收入通常会降低，而随着收入水平的降低，各类收入主体会减少对产品的购买额或调低消费结构，可见经济下滑会导致社会总需求的降低。具体而言：一方面，随着产品市场需求的萎缩，供过于求，市场竞争加剧，企业的销售与收入会相应下降，企业的投资行为会大幅收缩，而同时销售萎缩所导致的企业内部资金减少，造成企业资金成本的相应增加，也会为企业扩大投资造成更多阻碍；另一方面，悲观的市场前景预期会带来项目预期未来现金流的减少，净现值为正的投资机会相应减少。可见，在经济紧缩或者萧条阶段，企业的投资动机与能力都会下降，同时企业的投资行为会相应收缩。

2. 资本市场传导机制

优序融资理论认为，为达到降低融资成本的目的，企业的融资顺序是首先选择内部融资,然后选择外部融资。现代企业所拥有的内部资金往往不能满足企业的投资需求,所以外部融资仍是企业投资所需资金的重要来源。企业投资会受融资能力的影响,企业的融资能力与资本市场上的资金供求状况密切相关,而经济周期通过对资本市场的资金供求状况的影响,间接作用于企业的融资能力与投资行为。

依据我国企业的融资现状,企业外部融资的主要来源是银行借款。当经济周期处于恢复或者扩张阶段时,银行的资金更为充足,信贷政策更为宽松,贷款成本趋于降低,同时市场需求增加会带来企业销售收入的增加,使企业具有较强的还款能力,增加企业取得银行贷款的可能。另外,股票市场是我国企业外部融资的另一主要途径,在良好的宏观经济环境下,企业销售与盈利的大幅增加,使得企业能够更容易满足上市条件或者更容易从股票市场筹集更多的资金。由此可见,在经济周期的恢复或者扩张阶段,当企业为有利的投资机会而需要大量资金时,可以相对容易地获得来自银行或者股票市场的外部融资机会。

当经济周期处于紧缩或者萧条阶段时,银行资金紧张,银行对贷款对象的选择更为谨慎,贷款成本趋于上升,同时在不利的宏观经济环境下,企业销售与盈利大幅下滑,偿债能力恶化,会加大企业取得银行贷款的难度。另外,股票市场往往会随着经济周期的萧条而表现得更为不景气,加之企业自身销售与盈利状况的恶化,使得企业更难满足上市条件或者更难从股票资本上筹集更多的资金。由此可见,在经济周期的紧缩或者萧条阶段,当企业为有利的投资机会而需要大量资金时,获得来自银行或者股票市场的外部融资机会的难度加大,企业因为没有充足的资金而被迫放弃有利投资机会的现象更为常见。

由此可见,经济周期可以通过资本市场上的资本供求状况影响企业的融资约束状况与融资能力,从而对企业的投资行为与决策产生间接影响。

(二) 货币政策影响企业投资行为的理论分析

新古典投资理论基于企业利润最大化原则,指出企业的投资水平主要有需求和供给两方面因素决定，因此企业在进行投资决策时需要综合考虑投资收益与投资成本。一般认为，投资所带来的收益越大，投资所需要的成本越小，则企业会提高其投资水平；反之，则会降低其投资水平。基于此理论，货币政策对企业投资行为的微观传导途径一般可分为货币渠道和信贷渠道两类，其中货币渠道主要通过影响企业投资的收益率，对企业的投资行为产生需求效应，而信贷渠道主要通过影响企业投资的成本，对企业的投资行为产生供给效应。关于货币渠道和信贷渠道的具体传导途径如下。

1. 货币传导途径

货币政策的货币传导途径是指货币政策通过改变货币供给，影响市场利率，随之带动市场消费需求和企业资金机会成本的变动，进而影响企业的投资行为。利率渠道、资产价格渠道、托宾Q理论以及消费的财富效应等都是从货币渠道分析货币政策的微观传导机制。其中，利率渠道是指货币政策通过改变实际利率导致企业投资机会的变动。例如，扩张性货币政策下，货币供给增加，引起实际利率下降，导致企业资金机会成本下降，进而增加企业的投资机会。资产价格渠道是指货币政策通过改变资产的相对价格影响企业的投资机会。例如，扩张性货币政策下，货币供给增加，引起名义利率提高，企业的相对资产价格也随之提高，提高企业投资的资产担保能力，进而间接增加企业的投资机会。托宾Q理论是货币政策通过改变企业的股票价格影响企业的投资水平，例如，扩张性货币政策下，货币供给的增加，引起企业股价的上涨，Q值相应上升，即重置成本相对于市场价值趋于降低，进而刺激企业投资于新厂房或者新设备。消费的财富理论是指货币政策通过改变社会财富与需求导致企业投资行为的变动。例如，扩张性货币政策下，货币供给增加，引起社会公众财富相对增加，提高社会总需求，改善企业的销售与收入，进而刺激企业提高其投资水平。

2. 信贷传导途径

货币政策的信贷传导渠道是指在不对称信息背景下，货币政策通过调整货币供应量，改变信贷资金供给，影响企业的外部资金可得性和外部融资成本，进而导致企业投资行为的变化。具体来说，货币政策的信贷传导渠道可分为银行贷款效应和资产负债表效应两类。其中，银行贷款效应是指在信息不对称条件下，银行信贷作为企业外部资金的重要来源直接对企业的投资行为所产生的重要影响。例如，扩展性货币政策下，银行的可贷资金相对充足，贷款利率趋于降低，企业获得银行贷款的机会增加，进而刺激企业投资规模的扩大。资产负债表效应是指货币政策通过金融加速器的作用，改变企业的资产净值，影响企业的资产负债表，导致企业资产担保能力的改变，影响企业的贷款可得性，导致企业投资行为的改变。例如，在紧缩性货币政策下，企业的资产负债表趋于恶化，企业资产的现有价值下降，资产的担保能力随之下降，获得银行贷款的难度加大，最终影响企业的投资水平。

（三）财政政策影响企业投资行为的理论分析

在任何一个社会中，社会总投资都包括政府投资和非政府投资（私人投资）两类，两者各有特点，也相互影响。一国政府调整其所推行的财政政策，通常采用调控财政支出、增减税收或者政府补贴等方式，其中政府投资的变动是最主要的方法之一。一般而言，政府投资对私人投资的影响主要包括两种观点：一是刺激私人投资，产生"带动效应"；二是抑制私人投资，产生"挤出效应"。

1. 财政政策对私人投资的带动效应

带动效应的支持者认为，财政支出的扩张往往可以起促进私人投资增长的作用。该观点基于资源未充分利用、未达到充分就业状态等前提指出，扩张性财政政策下，政府的财政支出加大，政府投资也随之增加，依据乘数效应，导致 GDP 数倍的增长，进而刺激社会总需求，带来对更多劳动力、新厂房和新设备的需要，进而带动企业投资的增长。同时，在扩张性财政政策下，往往还意味着税收的减少和政府补贴的增加，这就使得企业的收益相对增加，企业可用于投资的资金也随之增加，进而刺激企业增加投资，扩大规模。另外，也有学者提出政府投资往往带来整体投资环境的改善，而政府在基础设施领域的投资又会带动与之相联行业的投资机会，因此从投资环境的改善来看，政府投资会对私人投资起显著的带动作用。

2. 财政政策对私人投资的挤出效应

挤出效应的支持者认为，财政政策在改变社会总需求的同时，也引起真实利率的变化，而实际利率的变化通过资本成本作用于企业的投资决策。具体来说，在扩张性财政政策下，财政支出或者政府投资的增加所导致的社会总需求的提高，往往带来产品和劳务价格的普遍上升，货币的交易需求量扩大，在货币供给量不变的前提下，实际利率不断上升，可以提高投资的资金成本，进而对私人投资产生挤出效应。同时，扩张性财政政策下，财政支出的增加可以加剧政府投资和私人投资在信贷市场上对资金需求的竞争，但政府具有先天性的优势，导致私人投资的贷款可得性难度加大，进而削弱私人投资。

从以上分析中可以看出，财政政策对私人投资所产生的带动效应和挤出效应是截然相反的两种观点，所以关于财政政策对私人投资的影响往往取决于上述两种效应的大小，并没有一致性的结论。一般认为，政府投资对私人投资的带动效应取决于政府投资的产业链长度和宏观经济的发展状态。如果政府投资于产业链较长的产业，所导致的投资乘数也相应较大，带来的相关投资机会也越多，进而对私人投资所产生的带动效应就越大；反之则越小。对于宏观经济环境来说，当国民经济发展较快、基础设施建设成为制约整体经济发展的"瓶颈"时，政府支出的增加会刺激国民经济的大幅增长，进而显著带动私人投资的增加；反之，当国民经济发展速度变缓时，其所带来的带动效应也越小。一般认为，在一个满足资源未充分利用、非充分就业等前提条件的经济环境中，政府投资的增加对私人投资所产生的挤出效应程度主要取决于货币需求对实际利率的敏感程度以及投资需求对实际利率的敏感程度，即货币需求对实际利率的敏感度越大，投资需求对实际利率的敏感度越小，则政府投资对私人投资所产生的挤出效应越小；反之，则越大。

（四）信贷市场影响企业投资行为的理论分析

基于"有效市场"和"理性行为"等一系列严格假设，MM 理论提出了企业的投融资无关论。然而在现实生活中，MM 理论的严格假设无法达到满足，因此企业的融资方式选择必然会影响企业的投资行为。银行贷款是企业进行外部融资的重要途径之一，一般认为信贷市场对企业投资行为的影响途径包括：一是银行贷款可以为企业提供更为充足的资金，减轻企业在扩大投资中所受到的融资约束，进而缓解企业的投资不足；二是银行贷款的贷款利率设定直接影响企业的融资成本，较低的贷款利率可以显著减轻企业的贷款成本，促进企业投资水平的提高；三是银行贷款对企业的投资行为起相机治理的作用，通过还本付息的压力和债权人对企业经营活动的监管，可以有效约束企业管理者的过度投资倾向。信贷市场的扩张或者收缩，不仅直接影响企业获得银行贷款的可能性，也直接影响企业债务融资的融资成本，进而间接影响企业的投资行为。信贷市场影响企业投资行为的理论分析，主要集中于以下两个方面。

1. 信贷市场扩张与企业投资行为

信贷市场的扩张代表着银行贷款总投放量的相对充足，此时一方面企业获得银行贷款的可能性变大，另一方面企业的贷款融资成本也会相对变低。对于拥有较好投资项目的企业来说，往往会加大对投资行为的支出，减少企业的现金持有水平。

同时信贷市场的扩张也容易促进企业的过度投资。一般认为，企业利用自有资金投资时，需要承担全部责任，往往更为谨慎，而当企业利用贷款途径取得的资金进行投资时，只需承担有限责任，企业的投资行为往往表现出更多的风险偏好并可能出现一定的风险转移行为。由此可见，信贷市场的扩张会刺激企业的过度投资行为。

对于我国来说，利率调控尚未完全市场化，资本市场也不够成熟，银行贷款仍是外部融资的主要方式，因此企业可以获得的外部融资途径十分有限，普遍面临着融资约束问题。银行贷款的获得或者贷款利率的降低可以显著缓解或者改变我国企业的融资约束状况，进而改善或消除因融资约束所造成的投资不足问题，刺激企业的投资行为。

2. 信贷配给与企业投资效率

信贷配给一般被定义为信贷市场的一种不完美状态，即在通行的信贷市场利率条件下，信贷市场中所存在的、对信贷资金的超额需求。基于对超额信贷需求的不同理解，信贷配给的具体含义也不尽相同，最为公认的定义是对于条件完全相同的借款者，一部分借款者可以获得贷款，另外一部分借款者即使接受相同的贷款合同条款也无法获得贷款，此时信贷配给产生。信贷配给影响企业行为的直接后果就是在信贷资金总量一定的条件下，一部分企业受信贷约束，而另一部分企业会获得过多的信贷资源。一方面，对于因信贷配给制度受信贷约束的企业来说，即使拥有良好的投资项目也无法获得信贷支持，产生投资不足现象，可以降低投资效率；另一方面，对于受信贷配给制度偏好甚至过度借贷的企业来说，往往偏向于风险性较大的投资项目，产生投资过度现象，同样可以降低企业的投资效率。

对于我国企业来说，基于政府与国有企业之间存在一种近似"父爱主义"的关系，一旦国有企业陷入财务困境，政府往往通过信贷配给和补贴等形式帮助国有企业渡过难关，即国有企业的"预算软约束"现象。但通过信贷配给和补贴输入到国有企业的资金中却有一大部分变成了不良贷款，配置效率十分低下。而同时对于我国很大一部分处于产业链中低端的中小企业来说，在当前的信贷配置制度下，很难通过贷款渠道获得资金支持，削弱企业的融资能力，导致投资不足现象的出现，严重阻碍这类企业的发展。

（五）股票市场影响企业投资行为的理论分析

传统公司财务理论认为，当资本市场完全均衡时，企业投资和股票市场的发展无关，但现实中资本市场往往并非完全有效，股票市场的发展就可能影响企业的投资行为。股票市场发展对企业投资所产生的效应被称为股票市场的投资效应，一般是指当股票价格趋于上升或者股票市场规模扩大时，企业从股票市场中获得的外部资金总额增加，刺激企业投资水平的增加，进而起到推动经济增长的效应。股票市场影响企业投资行为的传导机制分析，主要包括以下两种理论。

1. 托宾 Q 理论

托宾 Q 理论把 Q 定义为企业的市场价值与企业的重置价值之间的比值。Q 值实际上反映了投资者对上市企业未来前景的预期，一般认为 Q 值越大，企业的未来收益趋于上升，企业的投资行为也会受到更多的激励。具体来说，如果 $Q>1$，则表示企业现有资产的市场价值高于其重置成本，即新厂房或者新设备低于企业的市场价值，企业在股票上可以得到比所要增加的新厂房或者新设备更高一些的价格。也就是说，企业发行较少的股票就可以买到更多的新厂房或者新设备，因此企业的投资行为相应增加。如果 $Q<1$，则表示企业现有资产的市场价值低于其重置成本，企业无法在股票上得到比所要增加的新厂房或者新设备更高一些的价格，投资新厂房或者新设备等新项目就不如在市场上收购现有企业划算，因此企业的投资行为相应收缩。由此可见，企业股票价格的上扬导致企业现有市场价值的上升，企业的 Q 值相应上升，投资者对企业前景的未来预期趋于乐观，带动企业投资行为的增加，进而刺激企业的生产增长。

2. 非对称信息理论

非对称信息理论认为资本市场上的供求双方因掌握信息的程度不同，出现信息不对称的现象，加剧企业贷款融资的逆向选择和道德风险问题，进而影响企业的投资行为。具体来说，由于借款人和贷款人之间存在非对称信息状况，如果企业的股票价格趋于下降，企业的现有市场价值随之减少，借款人的抵押资本减少，财务状况相应恶化。由于企业缺少为银行贷款提供的担保品，借款人出现逆向选择的倾向增加，导致银行对企业投资进行贷款的谨慎程度提高。同时企业股票价格的趋于下降，也造成企业所有者在公司资产中所拥有的存量价值降低，促使它们更倾向于选择高风险的投资项目，导致企业道德风险的增加，进一步增加企业获得银行贷款的难度。因此，企业的股票市场价格趋于下降，给外部投资者传递企业资信状况不佳的信号，导致外部投资者对企业未来前景的悲观预期，一方面增加上市企业从股票市场融资的难度，另一方面也因为逆向选择和道德风险的影响，增加从银行取得贷款的难度，进而削弱企业的融资能力，导致企业投资行为的紧缩，进而使企业产出下降。

三、宏观经济环境对企业负债融资的影响

（一）经济周期影响企业负债融资的理论分析

当企业需要为新项目进行融资时，可以寻求的融资方式一般包括内部融资、债务融资和股权融资三种，其中后两者属于外部融资。经济周期影响企业的融资行为主要是通过影响企业的外部融资成本，即当经济周期环境处于相对扩张或者相对紧缩的不同阶段时，外部资本市场的摩擦程度也随之改变，影响企业做出外部融资决策时所受的制约程度，进而导致企业融资行为的改变。从融资结构理论看，权衡理论、优序融资理论、市场择时理论和代理成本理论等都可以解释经济周期对企业负债融资行为的影响。

1. 权衡理论

权衡理论认为，经济周期的扩张与收缩可以直接影响企业的经营与收入，改变企业的外部融资成本，进而改变企业的融资行为。具体来说，当经济周期处于恢复或者扩张阶段时，社会总需求扩大，产品价格和企业销量随之上升，企业的利润上升、经营风险降低，因此企业负债融资的预期破产成本趋于降低，企业更多地倾向于负债融资方式，获得更多的债务税盾价值；反之，当经济周期处于收缩或者萧条阶段时，社会总需求降低，

产品价格和企业销量随之下降，企业的收入和利润收缩，同时经营风险加大，因此企业选择负债融资所带来的预计破产成本趋于上升，企业更多地避免或者减少选择负债融资，降低企业的总体负债水平。因此，权衡理论认为企业的负债融资具有顺周期特点。

2. 优序融资理论

优序融资理论认为，企业融资方式的选择是具有最优顺序的，一般的最优顺序首先是内部融资，其次是外部融资，在外部融资中债务融资要先于股权融资，只有当投资者与管理层之间的信息不对称情况改变时这一最优顺序才有可能发生变化。具体来说，当经济周期处于恢复或者扩张阶段时，企业的生产经营状况良好，其内部资金充足，融资时可以首先使用内部资金投资新项目，当资金需求超过企业拥有的内部资金时，才会选择外部融资方式。同时由于整体经济状况的改善，投资者与管理层之间的信息不对称程度得到缓解，企业在外部融资中可能更倾向于优先选择股权融资。反之，当经济周期处于收缩或者萧条阶段时，企业的生产经营状况恶化，其内部资金减少，内部融资能力随之下降，企业在投资新项目时就更倾向于选择外部融资方式。同时由于整体经济状况的不确定性增加，投资者与管理层之间的信息不对称程度进一步加剧，企业在外部融资方式中可能更倾向于债务融资。因此，优序融资理论认为企业的负债融资具有逆周期特点。

3. 市场择时理论

市场择时理论认为，企业在选择融资方式的选择上是相机抉择的，主要依据股权融资成本和债务融资成本之间的相对大小关系进行选择。具体来说，当经济周期处于恢复或者扩张阶段时，股票市场一般也处于上升趋势，企业的股票价格随之上升。此时，股权融资成本与债务融资成本相比更低，当企业进行新项目融资时会更倾向于选择融资成本较低的股权融资方式，进而企业的负债水平趋于下降。反之，当经济周期处于收缩或者萧条阶段时，股票市场一般也处于下降趋势，企业的股票价格随之下降。此时股权融资成本上升，债务融资成本相对下降，企业进行新项目融资时债务融资方式就成为更有利的选择，进而导致企业负债水平的趋于上升。因此，市场择时理论认为企业的负债融资具有逆周期特点。

4. 代理成本理论

代理成本理论认为，从股东与管理层的代理成本角度入手，假设管理层持有企业股票，同时企业可以不受融资约束，自由地调整其融资方式，认为管理层将依据宏观经济周期的变化，以维持自身财富最大化为目标，调整企业的融资决策。具体来说，当经济周期处于恢复或者扩张阶段时，管理层所持有的企业股票价值上升，管理者的财富随之增加，可以降低管理层出现逆向选择的可能性，即降低股东与管理者之间的代理成本，不需要过多监督管理层的行为，同时高涨的股票市场也有利于股权融资成本的降低，进而导致管理者降低企业的负债水平。反之，当经济周期处于收缩或者萧条阶段时，管理层所持有的企业股票价值下降，管理者的财富随之下降，可以刺激管理层出现逆向选择的可能性，即提高股东与管理者之间的代理成本，为保持管理层与股东的利益趋于一致，企业此时应提升债务融资比例，通过负债治理和约束机制监督管理层的行为。同时，低迷的股票市场并不利于股权融资成本的降低，也造成企业负债融资成本的相对下降。因此，代理成本理论认为企业的负债融资具有逆周期特点。

（二）货币政策影响企业负债融资的理论分析

货币政策一般分为数量型货币政策和价格型货币政策。其中，数量型货币政策是指中央银行运用公开市场业务、中央银行贷款、存款准备金率等政策工具调节货币供应量；价格型货币政策是指中央银行运用利率、汇率等政策工具影响资本成本和价格。货币政策作为一国政府为达到一定的宏观经济调控目标所运用的货币政策工具，必然会通过一系列中介目标和中间渠道影响微观经济主体的行为。西方学者很早就开始关于货币政策传导途径的研究，其中利率传导渠道最早由凯恩斯提出，也是货币政策最传统最根本的传导渠道。此后信贷传导渠道在1988年由Bernanke等提出，后续研究中信贷传导渠道又分成资产负债表效应和银行贷款效应。本书以货币政策的传导途径理论为基础,重点阐述货币政策通过不同的传导途径对企业负债融资决策所产生的影响。

1. 利率传导渠道

紧缩的货币政策意味着市场利率的上升,市场利率的上升往往带来银行贷款利息的随之上涨,进而直接造成企业选择债务融资成本的上升,企业此时更倾向于降低其负债融资水平;反之,扩张的货币政策意味着市场利率的下降,市场利率的下降往往带来银行贷款利息的随之下调,进而直接造成企业选择债务融资成本的下降,企业此时更倾向于提高其负债融资水平。因此,从利率传导渠道看货币政策可以显著影响企业的负债融资决策。

2. 资产价格传导渠道

紧缩的货币政策代表着货币供应量的下降,国民所拥有的货币余额总量下降,从而国民用于购买股票等金融资产的货币总额下降,引起股票价格的普遍下滑,企业的Q值下降,此时相对于股权融资,债务融资等方式对企业就显得更具有吸引力;反之,扩张的货币政策代表着货币供应量的上升,国民所拥有的货币余额总量上升,从而国民用于购买股票等金融资产的货币总额上升,引起股票价格的普遍上涨,企业的Q值上升,此时相对于债务融资等方式,股权融资对企业就显得更具有吸引力。因此,从资产价格渠道看货币政策也可以显著影响企业的负债融资决策。

3. 信贷传导渠道

从资产负债表效应看,紧缩的货币政策一般会导致企业所拥有的可抵押资产价值的下降,企业净资产价值的下降和财务状况的恶化,导致银行对企业贷款规模的下降,可以加剧逆向选择问题的出现,提高企业进行债务融资的难度;反之,宽松的货币政策一般会导致企业所拥有的可抵押资产价值的上升,企业净资产价值的上涨和财务状况的好转导致银行对企业贷款规模的上升,可以缓解逆向选择问题的出现,提高企业进行债务融资的能力。

从银行贷款效应看,在紧缩的货币政策下,货币供应量的下降往往带来银行可贷资金总量的下降,银行的放贷能力受限,导致企业贷款成本的相对上升,同时也会增加企业取得银行贷款的难度,此时企业的负债融资水平往往出现显著下降;反之,在扩张的货币政策下,货币供应量的上升往往带来银行可贷资金总量的上升,银行的放贷能力增强,导致企业贷款成本的相对下降,同时也会降低企业取得银行贷款的难度,此时企业的负债融资水平往往出现显著上升。

(三) 财政政策影响企业负债融资的理论分析

一国财政政策的变动通常意味着政府支出规模的变化。政府支出的变化必然对整个社会的总需求和总产出产生影响,影响企业的生产现状与对未来的预期,进而导致企业融资决策的变化。

1. 刺激效益

从财政政策的刺激效应看,一般在经济萧条时期,政府会采取扩张的财政政策,加大政府支出,刺激社会总需求。此时,企业的生产和经营状况会趋于好转,自有资金增加,负债能力提高,进而促进企业提高其负债融资水平。反之,政府如果采取紧缩的财政政策调控经济的整体发展速度,往往导致政府支出规模的收缩,社会总需求随之下降。此时,企业的生产和经营状况会趋于恶化,自有资金减少,负债能力减弱,进而抑制企业提高负债融资水平的提高。从以上分析中可以看出,从财政政策的刺激效应看,财政政策的变动与企业的负债融资水平呈正相关关系。

2. 挤出效应

从财政政策的挤出效应看,扩张性的财政政策普遍会对私人投资产生"挤出效应",影响企业的融资决策。具体来说,一国政府推行扩张性的财政支出政策,扩大政府支出的规模,往往导致市场利率的上升,压缩私人投资的空间,即对私人投资产生挤出效应。在挤出效应影响下,企业的投资机会随之减少,财务状况趋于恶化,导致经理人对企业未来预期风险的增加,从而尽可能地控制企业的破产风险,减少其负债融资的水平。如果政府的财政支出扩张过快导致财政赤字现象加重时,这种挤出效应会更加明显，对企业负债融资水平的影响也会更加显著。从以上分析中可以看出，从财政政策的挤出效应看，财政政策的变动与企业的负债融资水平呈负相关关系。

（四）信贷市场影响企业负债融资的理论分析

信贷市场是企业进行间接融资的主要来源，同时也被认为是一国宏观经济环境的重要组成部分。信贷市场的信贷供给状况和信贷违约状况等特征都直接影响企业的信贷融资成本和信贷资金可得性，进而影响企业的负债融资行为。

1. 信贷市场供给状况与企业的负债融资

大多数国家都对银行的信贷总量进行控制，原则上各银行每年新增贷款总和不能超过既定的总额。在此信贷政策下，信贷供给总量的扩张意味着实行比较宽松的信贷政策；反之，信贷供给总量的下降意味着实行比较紧缩的信贷政策。根据权衡理论，企业通过负债的方式融资不仅可以给企业带来税收利益，同时也可以增加企业的预期破产成本，而企业的最优负债规模就是依据债务融资的边际成本与边际收益进行权衡。一般认为，如果信贷市场上的信贷资金总供给量减少，为抑制高涨的贷款需求，银行往往会提高贷款利率。贷款利率的提高会导致企业负债融资的预计破产成本上升，而企业的税收收益并没有得到相应的提高。依据权衡理论，此时企业应倾向于降低负债融资规模，进而造成企业负债比例的趋于下降。反之，如果信贷市场上的信贷资金总供给量增加，即可用于借贷的总资金趋于宽松，超额贷款需求的现象减少，银行的贷款利率会趋于下降。贷款利率的下降会使负债融资所带来的预计破产成本下降，同时企业的税收收益并没有相应下降，依据权衡理论，此时企业应提高其负债规模，进而导致企业负债融资比例的上升。可见，从权衡理论看信贷市场供给状况与企业的负债融资水平呈正相关关系。

2. 信贷市场违约状况与企业的负债融资

信贷违约一般指借款人到期不能或不愿履行借款协议，进而导致贷款方遭受损失。银行在对贷款对象的选择中总会尽量避免信贷违约情况的出现，但由于客观条件的制约，银行无法获得贷款方真实的"完全信息"，导致银行可能做出逆向选择行为，即把贷款借给劣质客户而拒绝具有发展潜力的优良客户。

一般认为，由于银行与借款企业之间存在的信息不对称问题，银行必须投入一定的监督成本和管理成本。银行与借款企业之间的信息不对称程度越高，银行所花费的监督与管理成本也就越高，进而所要求的贷款利率也会随之提高。信贷市场上的贷款违约状况，体现的是整个信贷市场上的信用状况。信贷市场上的贷款违约可能性越高，也就代表着整个信贷市场的信用状况恶化，银行与借款企业之间的信息不对称程度也随之普遍上升。此时银行为避免损失，往往加大贷款的监督与治理力度，进而带来贷款利率的上升，造成信贷成本的上升和信贷可得性难度的加大，进而导致企业选择减少其负债融资的比例。反之，当信贷市场上的贷款违约可能性下降，也就代表着整个信贷市场的信用状况好转，银行与借款企业之间的信息不对称程度也随之普遍下降。此时银行因信息不对称出现损失的可能性下降，对贷款的监督与治理力度下降，进而带来贷款利率的下降，造成信贷成本的下降和信贷可得性难度的下降，进而导致企业选择调高其负债融资的比例。可见，信贷市场违约状况一般对企业的负债融资水平起一定的抑制作用。

（五）股票市场影响企业负债融资的理论分析

股票市场是企业进行外部融资的主要来源，同时股票市场总体状况也被认为是一国宏观经济环境的先行指标。对于企业的融资行为而言，股票市场的状况直接影响企业的融资偏好，进而影响企业的负债融资行为。市场择时理论、权衡理论、优序融资理论等从不同角度分析证明了这种影响的存在。

1. 市场择时理论

市场择时理论认为股票市场存在"热市发行"现象，即企业往往偏好在股票市场总体状况较好，企业股价处于上升趋势时选择股权融资，而在股票市场总体状况不景气，企业股价处于下降趋势时选择债务融资。同时市场择时理论认为经理人的"机会主义"行为也会导致股票市场状况对企业融资决策的影响。具体来说，经理人的行为直接影响企业的融资决策，而经理人的"机会主义"行为导致其在股票市场表现较好且企业股价上升时偏好股权融资；反之，在股票市场表现低迷且企业股价下降时偏好债务融资。从以上分析中可以看出，依据市场择机理论，股票市场的总体状况与企业的负债融资水平呈负相关关系。

2. 权衡理论

权衡理论认为股票市场状况能够直接影响企业的市值账面比率，进而间接影响企业的融资行为选择。具体来说，当股票市场总体表现较好时，企业股价的上升导致股东权益市值随之上升，进而导致企业财务杠杆的下降，为维持企业的最优资本结构，企业必须增加负债融资水平；反之，当股票市场总体表现低迷时，企业股价的下降导致股东权益市值的随之下降，进而导致企业财务杠杆的上升，为维持企业的最优资本结构，企业必须减少负债融资水平。从以上分析中可以看出，依据权衡理论，股票市场的总体状况与企业的负债融资水平呈正相关关系。

3. 优序融资理论

优序融资理论认为，当存在信息不对称的前提下，企业的最优融资顺序为：首先是内部融资，然后是外部融资，在外部融资中债务融资是首选，然后是股权融资。当企业的内部融资不能满足企业的需求时，企业在外部融资方式中更倾向于债务融资。一方面是因为债务融资的治理机制，可以有效缓解经理人和股东之间的信息不对称问题；另一方面是因为股权融资的选择，在信息不对称条件下容易导致投资者对企业前景的悲观预期。可见，当信息不对称程度减弱时，企业可能更倾向于股权融资，而当信息不对称程度增强时，则更倾向于债务融资。但股票市场的总体状况与信息不对称程度之间的关系并不明确。有人认为股票市场的总体状况较好，股票市场的信息不对称程度越低，企业内外部环境的信息不对称程度也会随之降低。也有人认为，股票市场状况较好，市场交易活跃，股票市场的信息不对称程度反而增加，企业内外部环境的信息不对称程度不降反增。因此，依据权衡理论，股票市场的总体状况与企业负债融资水平之间的关系并不确定。

四、负债融资对企业投资行为的影响

传统的公司财务理论基于 MM 理论，提出融资结构与企业投资行为无关的观点，即如果资本市场是完全竞争的，无论采用股票融资方式还是债券融资方式，对于股东来说，其融资成本不存在差异，因此企业融资方式及结构比例的变化，对企业投资行为的现金收益流不会产生任何的影响（Modiglian et al., 1958）。但由于现实中 MM 理论的完全竞争市场假设难以满足，20 世纪 60 年代末学者们开始放宽 MM 理论的严格假设，关注负债融资的税盾效应与破产成本，逐步形成了从负债的税盾效应与破产成本来均衡决定企业最优融资结构的权衡效应。

20 世纪 70 年代后期，随着委托代理模型和信号模型的出现，有关于负债融资与投资行为之间关系的理论观点也逐步由此前的"无关论"向此后的"相关论"转变。围绕负债融资与投资行为的相关性命题，西方学者展开了一系列研究，我国学者也结合我国的实际开展了一系列理论和实证研究。下面主要对负债融资影响投资行为的理论基础进行归纳与梳理，完善本书关于宏观经济环境、负债融资和企业投资行为的完整理论框架。

（一）负债融资的代理成本效应

Michael 和 Meckling（1976）提出在信息不对称背景下，当委托人与代理人目标利益不一致时，会导致双方利益冲突的出现，即产生"委托代理问题"。依据此理论,企业选择债务融资时也会产生代理成本,这种代理成本主要是指当企业采用债务融资时,债权人和股东形成以负债契约为媒介的委托代理关系,基于理性人假设,债权人和股东的目标并不一致,进而造成双方的利益冲突。具体来说,在信息不对称条件下,债权人以最大化债务财务为目标,偏好于风险较小的投资项目,因为此时企业整体风险较低,负债的市场价值较高,但其股票市场价值则相对较低。而股东以最大化企业市场价值为目标,偏好于风险较大的项目,因为此时企业整体风险较高,股票市场价值相对较高,但其负债的市场价值较低。可见,在企业的投资决策上,债权人与股东产生利益冲突。在信息不对称背景下,经理人往往做出维护股东权益而损害债权人利益的投资决策,导致债务融资代理成本的出现,其中主要包括资产替代和投资不足两类。

1. 资产替代

资产替代一般是指企业在进行负债融资后,经理人在投资决策中倾向于放弃低风险低收益的投资项目,而将负债融资得到的资金投向高风险高收益的投资项目的行为。具体来说,在信息不对称条件下,债权人与股东在投资收益与风险的分担上存在非对称性,即当企业进行债务融资后,经理人相较于低风险低收益的投资项目更偏好于高风险高收益的投资项目,主要原因在于如果项目投资成功,债权人只获取固定本息,剩余的大部分收益全归股东所有,而如果投资失败,超出股东出资额的全部损失由债权人承担。因此,一般认为经理人会在投资决策时基于股东利益,选择那些能够增加股权价值,但同时会损害企业价值和债权人利益的高风险高收益项目,导致产生"资产替代"所引发的过度投资行为。可见,债权人与股东之间的代理冲突所引起的资产替代现象导致负债融资与企业投资规模之间呈现正相关关系。

2. 投资不足

投资不足一般是指在信息非对称条件下,债权人与股东的逆向选择和道德风险行为增加企业的债务融资成本,继而对企业的有效投资行为所产生的抑制效应。不同学者从不同角度解释了由负债融资所导致的投资不足现象。有学者认为，做出投资决策的经理人往往倾向于维护股东的利益，在信息不对称的条件下这种决策往往会损害债权人的利益，即当企业进行债务融资时，经理人与股东的利益趋于一致，经理人倾向于拒绝对债权人有利的低风险低收益项目的投资，即这些项目的净现值为正，可以增加企业的市场价值，因为这类投资项目的收益大部分都归债权人所有，股东获得的剩余收益十分有限，可见负债可以抑制企业对低收益低风险项目进行投资的积极性，导致投资不足现象的出现。有学者基于信号传递理论指出，企业的净财富水平是一个有效的信号指示器，企业的负债融资比例越大，其净财富水平也就越低。当外部债权人凭借净财富信号判断企业的筹资能力时，过高的负债融资水平会提高债权人所要求的融资成本，导致企业负债融资的成本上升，被迫放弃原本净现值为正的投资项目，进而出现投资不足现象。可见，债权人与股东之间的代理冲突所引起的投资不足现象导致负债融资与企业投资规模之间呈现负相关关系。

（二）负债融资的相机治理效应

在现代企业中，除了债权人与股东之间的利益冲突所导致的委托代理问题外，由于股东与经理人之间的目标不一致，也会发生基于利益冲突的委托代理问题，主要原因在于股东的最终目标是实现股东利益的最大化，而经理人受股东委托管理企业的经营活动，如果经理人不拥有或较少拥有企业股份，经理人的目标与股东的目标就会出现偏差，因此经理人为谋取自身利益就有可能做出有损股东利益的投资决策行为。

具体来说，与股东相比，经理人可能更关心企业规模的扩张，因为企业规模的扩张可以给经理人带来很多私利。比如，企业规模的扩张可以给经理人带来社会地位的提高、薪金收入的提高以及各种各样的非货币收入；处于规模扩张阶段的企业对经理人来说，往往存在更多的升迁机会；企业规模的扩大、多样化的经营等，可以提高经理人职业生涯的安全性等。可见，经理人具有盲目扩张企业规模，进行过度投资，损害股东权益，攫取个人私利的动机。Jensen（1986）提出了"自由现金流量"假设，从自由现金流角度解释由股东与经理人之间的委托代理问题所导致的过度投资行为。具体来说，该理论认为当企业的经理人拥有的现金流超过企业所有盈利投资项目的所需资金时，经理人手中就拥有闲置资金，此时经理们基于对扩大企业规模的私利，往往倾向于将这些闲置资金投资于能够扩大企业规模的项目，即这些项目的净现值为负，对股东的利益造成损失。可见，在"自由现金流量"假设下，股东和经理人之间的委托代理问题导致企业过度投资现象的出现。

负债融资的相机治理机制认为负债的存在能够显著缓解股东和经理人之间的委托代理问题，进而抑制企业因经理人私利所做出的过度投资行为。负债融资的相机治理机制一般包括激励机制和约束机制两方面。从激励机制来看，假设企业的项目投资总额和经理人所持有的公司股份不变的前提下，负债融资的引入可以降低企业对股权融资的依赖，间接提高经理人所持有的公司股份比例，促使经理人与股东的目标趋于一致，缓和经理人与股东之间的委托代理问题，控制因经理人私利所导致的企业过度投资问题。从约束机制看，假设企业正常经营，负债融资的引入要求企业按债务契约的规定支付债权人本息，同时当企业破产时，债权人可以通过清算降低损失，因此负债融资对因股东与经理人的委托代理问题所产生的经理人自利行为起到约束效应。这种约束效应具体包括以下两个方面：一是负债融资固定的本金与利息偿还机制，可以减少经理人可以支配的闲置资金，有效抑制经理人做出损害股东利益的过度投资行为；二是债务融资的担保机制，负债水平的提高使经企业的破产风险加大，由于经理人职业生涯依赖于企业的生存，为避免企业破产，降低失去自己职位的可能，经理人会做出更为合理的投资决策，从而降低过度投资行为的出现。

（三）债务期限结构与企业投资行为

企业除了可以通过调节负债水平和在债务契约中添加严格的限制性条款等方式减少经理人做出无效率的投资行为以外，还可以采用调节负债期限的方式。现阶段关于负债期限对企业投资行为影响的研究主要包括以下三个方面。

1. 过度投资与负债期限

股东与经理人之间的利益冲突所导致的过度投资问题，主要因为股东所追求的目标是股东财富最大化，而经理人出于升迁机会、薪酬待遇等私利，往往会做出损害股东权益的投资决策。与股东相比，经理人可能更关注企业规模的扩张，因为企业规模的扩张可以给经理人带来更多的升迁机会、更丰厚的薪酬待遇等私利，因此经理人可能倾向于可以实现公司规模扩张的项目，使该项目的净现值小于零，进而导致过度投资问题的出现。

对于过度投资问题的治理，不仅可以通过调整融资结构，还可以通过调整负债中的期限结构来实现。在总负债比例不变的前提下，短期负债比例的提高可以抑制企业的过度投资行为，其主要原因在于两方面：一方面，企业所负担的短期负债越多，企业所面临的经常性还本付息压力加大，减少经理人所拥有的自由现金流量，导致企业在投资时缺乏足够的资金支持，就会更谨慎地选择投资项目；另一方面，企业短期负债的增加往往使经理人面临更大的财务风险，为避免企业破产，经理人也会更为谨慎地进行有效投资。可见，短期负债水平的提高一定程度上能够抑制由于股东与经理人之间的利益冲突所导致的过度投资问题。

2. 资产替代与负债期限

资产替代是指债权人与股东之间的利益冲突所导致的投资行为扭曲。在债务融资行为中，债权人的目标是在偿还期满后能够按时收回本金与利息，因而对于债权人而言，更偏好于低收益低风险的投资项目。股东的目标是实现自身财富的最大化，因而更偏好于高风险高收益的投资项目。经理人在投资项目的决策中，往往与股东的利益保持一致，倾向于把资金投资于高风险高收益的项目，使这些项目的净现值小于零，导致资产替代问题的出现，主要原因在于如果项目成功，则股东获得更大收益，而项目失败，债权人权益遭受更大损失。

为抑制由股东的道德风险所造成的资产替代问题，债权人可以通过在债务契约中添加强制性条款的方式，也可以通过缩短债务偿还期限的方式。具体来说，在企业融资结构不变的前提下，缩短债务的偿还期限，增加短期借款的比例可以增加企业的经常性偿债压力，经理人可以自由支配的现金流量减少，降低企业进行投资所需资金的充足性，抑制经理人对高风险高收益投资项目的偏好，迫使其优化投资行为，进行更为有效的投资活动。

3. 投资不足与负债期限

对于某些投资项目，债权人可能会享受其中的大部分收益，而股东所分得的剩余收益可能与债权人相比十分有限，这种情况下即使该项目的净现值大于零，股东也可能倾向于放弃该投资机会，进而导致企业投资不足问题的出现。

一般认为，除融资结构的调整可以缓解由于债权人和股东在风险与收益中的分担不均所造成的投资不足问题外，负债结构的调节也是一种有效的缓解方式。具体来说，在企业融资结构不变的前提下，相对于长期负债，短期负债更能有效地控制投资不足问题，因为短期负债的偿还期限较短，在较短的时期内股东和债权人可以重新签订协议，即股东改变原来所做出的放弃有效投资决策的可能性越大。可见，在负债结构中短期负债的比例越大，对投资不足问题所产生的缓解作用更为明显。

五、本章小结

本章从经济周期、经济政策和资本市场三个维度，选取经济周期、货币政策、财政政策、股票市场和信贷市场五个方面的因素，刻画我国企业负债融资和投资行为所面临的宏观经济环境。以宏观经济环境影响微观企业行为的理论机制为基础，构建了一个关于宏观经济环境、负债融资与企业投资行为三者之间关系的理论分析框架，分为宏观经济环境对企业投资行为的影响、宏观经济环境对企业负债融资的影响，以及负债融资对企业投资行为的影响三个方面，深入分析宏观经济环境影响微观企业负债融资与企业投资行为的作用机理和理论基础。本章的理论分析框架如图 3-3 所示。

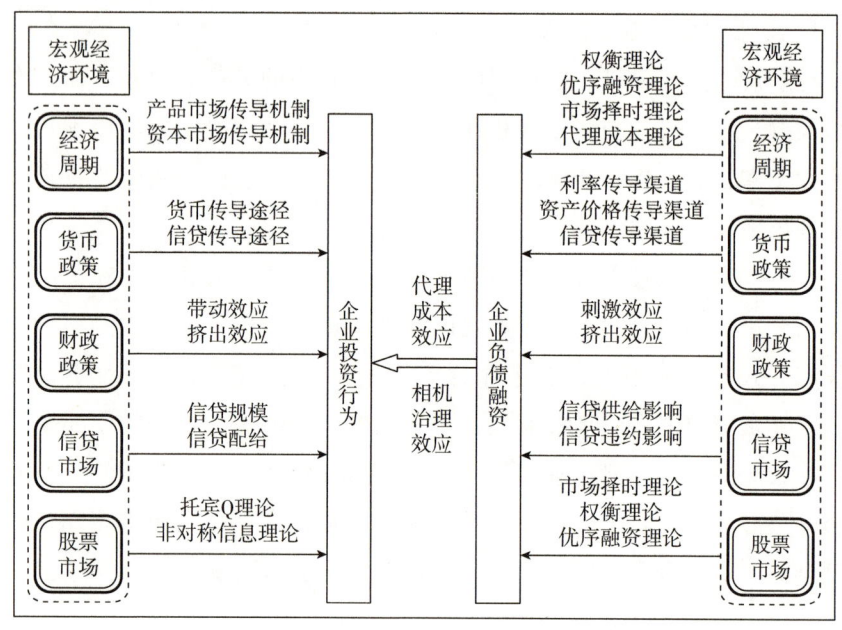

图 3-3　宏观经济环境、负债融资与企业投资行为的理论分析框架

结合图 3-3，本书理论分析部分所得出的基本结论可以概括为：①通过宏观经济环境和微观企业行为之间互动过程框架的分析，证明宏观经济环境是微观企业行为产生的基本环境，也是影响微观企业行为的重要因素；②利用理论分析的方法，证明经济周期、货币政策、财政政策、股票市场和信贷市场等宏观经济环境因素对微观企业的负债融资和投资行为都有重要的影响；③从代理成本效应和相机治理效应两方面，论述负债融资对企业投资行为的影响，还分析了负债期限影响企业投资行为的理论基础。

第四章
宏观经济环境视角下我国企业投融资行为的制度背景与经验证据

基于第二章的文献评述与第三章的基本理论分析，本章结合我国经济转轨时期的特殊背景，重点分析我国宏观经济环境的发展与变迁，以及我国企业投融资行为的制度背景与经验证据。一方面，我国的宏观经济环境在改革开放后经历了巨大的变革，本章中主要对本书涉及的经济周期、货币政策、财政政策、信贷市场和股票市场因素的演进进行回顾，并重点对实证分析中样本所包括的2001～2015年的情况进行阐述，为后续研究的展开做出铺垫。另一方面，现如今我国的经济发展仍处于转轨时期，企业投融资行为所面临的制度背景与西方发达国家存在着巨大的不同，而这些由制度背景造成的差异，直接影响本书的研究目的，即宏观经济环境与企业投融资行为之间的关系会受我国特殊制度背景的影响，导致西方基于成熟市场背景所得出的结论并不适用于我国。基于此，本章重点分析我国企业投融资行为的运行机制和发展现状，揭示制度背景对本书研究的重要影响，也为实证研究的展开提供更充分的经验证据。

具体而言，首先，对我国宏观经济环境的演进进行简要论述，主要针对本书所涉及的经济周期、货币政策、财政政策、信贷市场和股票市场等宏观经济环境因素的变迁进行回顾；其次，基于制度变迁的分析逻辑，论述我国企业投融资行为的运行机制；最后，梳理关于我国企业投资行为现状以及负债融资行为特征的经验证据，从整体上描述并分析我国企业的负债融资和投资行为。

一、我国宏观经济环境的变迁与演进

本部分对我国宏观经济环境的演变历程进行回顾,主要对本书涉及的经济周期、货币政策、财政政策、信贷市场和股票市场因素的变迁进行概述。

(一)我国的经济周期

由于我国的经济体制在改革开放前一直推行的是高度集中的计划经济体制,尽管经济周期作为一种经济运行规律,在计划经济条件下也同样存在,但经济周期所体现出的特征依然与西方国家存在较大的差异,因此学者们对这一时期的经济周期没有进行过多的探讨。1978年党的十一届三中全会的召开,标志着社会主义市场经济体制的框架在我国正式确立,此后我国经济周期波动所呈现出的特征也逐步与西方接近。20世纪80年代中后期,开始有学者对我国的经济周期展开理论研究,对改革开放以来的历次经济周期进行描述与分析,本书也重点梳理这一阶段我国经济周期的特点。

经济周期的划分既可以按照"峰—峰"的分类法,也可以按照"谷—谷"的分类法,国内的大部分学者对我国经济周期的划分都采用"谷—谷"的分类法,基于此本文同样采用"谷—谷"的分类法。我们的样本区间为1977~2015年,采用"谷—谷"的分类法,依据GDP增长率指标对我国改革开放后的经济周期进行描述与分析,如图4-1所示。

图4-1中将样本区间内我国的年度GDP增长率指标绘制成折线图,由图可知,我国自改革开放以来已经历六轮明显的经济周期。具体而言:第一轮经济周期是1977~1981年,该轮周期持续5年;第二轮经济周期是

第四章 宏观经济环境视角下我国企业投融资行为的制度背景与经验证据

1982~1986年，该轮周期也持续近5年；第三轮经济周期是1987~1990年，该轮周期持续4年；第四轮周期是1991~1999年，该轮周期持续9年；第五轮周期是2000~2009年，该轮周期持续10年；第六轮周期从2010年开始。在前四轮的经济周期中，经济周期所持续的时间相对较短，同时我国经济增长曲线的波动也比较明显，但第五轮和第六轮经济周期的持续时间明显拉长，可能是由于我国改革开放程度的不断深化，经济增长的稳定性程度日益提高，因此使经济周期的波动性较弱而导致持续时间延长。

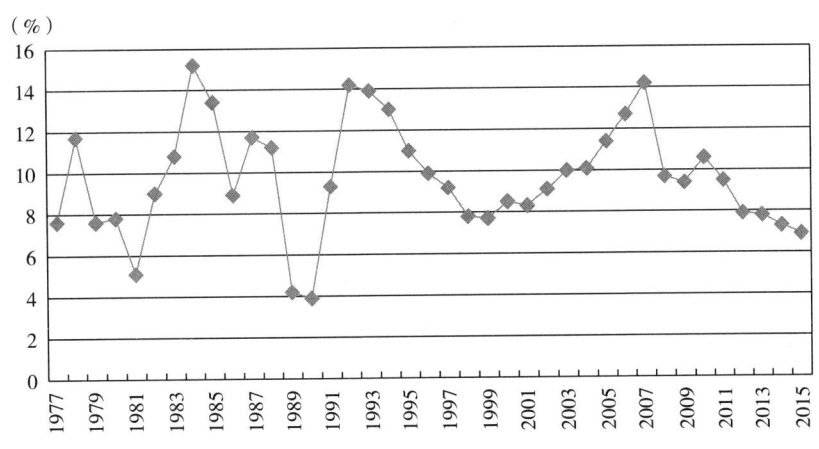

图4-1 1977~2015年我国GDP增长率波动线

资料来源：国家统计局。

从我国最近所经历的完整经济周期即第五轮经济周期看，其具有不同于前四个周期的显著特点。首先，经济周期的持续时间长且扩张期持续性强。我国第一轮经济周期的5年中有2年的扩张期（1977~1978年），第二轮经济周期的5年中有3年的扩张期（1982~1984年），第三轮经济周期的4年中有2年的扩张期（1987~1988年），第四轮经济周期的9年中也只有2年的扩张期（1991~1992年），而我国第五轮经济周期的时长近10年，其中扩张期长达6年（2002~2007年）。其次，此轮经济周期的经济增长振幅波动最小，表明我国经济的内在稳定性日趋提高，同时政府的

"反周期"经济政策调控能力也有所增强。另外,我国经济周期与国际经济周期的同步性有所增强,亚洲金融危机和美国次贷危机的影响都体现在了我国第五轮经济周期的变化中。

基于以上分析,考虑数据的时效性和可得性,本书在后续的实证分析中将样本的考察区间设置为 2001~2015 年。这一区间内既包括我国完整的第五轮经济周期,也体现我国第六轮经济周期的变化趋势,同时其样本数量与特征也可以满足后文进行统计分析的基本要求。

(二) 我国的货币政策

从 1949 年到改革开放初期,我国一直处于传统的计划经济体制,政府的行政计划在宏观经济调控中处于主导地位,而货币政策主要依存于这种行政计划,并没有成为一个独立的政策。直到 1996 年,中国人民银行正式采用货币供应量作为货币政策的调控目标,逐步实现货币政策从直接调控到间接调控的转变。此后我国的货币政策工具日趋多样化,现已包括存款准备金、再贴现和公开市场操作等主要手段,基本建成以货币供应量为中介目标的货币政策框架体系,并在经济增长、通货膨胀、充分就业、平衡国际收支等最终目标中起到越来越重要的作用。

改革开放以后,为促进与调控经济的发展,我国在不同阶段实施了灵活多变的货币政策。由于 1984 年中国人民银行才开始制定与执行货币政策,我国的中央银行制度此时才真正确立,因此本书对我国货币政策的回顾也是从这一时期开始的。

1984~1992 年:宏观管理体制下的货币政策。随着我国经济体制的改革,我国的货币政策也有了很大的发展,最突出的是从 1984 年起中国人民银行开始履行中央银行的职能,货币政策开始向间接调控转化,但信贷计划管理仍是最主要的调控手段。由于受前期经济过快发展的影响,1985 年中央银行采取紧缩性的货币政策。经济过热得到一定控制后,1988 年货币政策适度放松,随后又因通货膨胀,调整为紧缩性货币政策。1990 年,因为经济过热的情况缓和,中央银行又改为实施较为宽松的货币政策。

第四章　宏观经济环境视角下我国企业投融资行为的制度背景与经验证据

1993~1997年：1992年我国经济的发展再次出现"过热"的情况，并在1993~1994年出现更为严重的状态。为应对我国严重的通货膨胀状态，这一阶段的货币政策把抑制经济过热作为主要的调控目标，实行适度从紧的货币政策，促进我国经济发展实现"软着陆"。

1998~2008年：1997年亚洲金融危机爆发，1998年，我国首次出现通货膨胀。为应对亚洲金融危机，抑制国内的通货膨胀，我国政府即时调整了货币政策，开始实施更为稳健的货币政策。同时，中国人民银行在1998年取消对国有商业银行信贷规模限额的控制，我国货币政策的影响力度进一步加大。到2003年，我国的通货膨胀状况得到有效缓解。

2009~2010年：2008年美国的次贷危机爆发，随之引发全球性的金融危机，直接影响我国经济的发展。为应对这次金融危机，我国政府在2008年末就开始调整货币政策，并于2009年开始实施适度宽松的货币政策，以促进信贷货币的增长、抑制物价水平的上升和维持经济的平稳发展。

2011年至今：2011年我国的通货膨胀进一步严重，我国的货币政策也随即做出相应的调整，转变为稳健的货币政策。2012年后，我国的通货膨胀状况得到一定的缓解，货币政策呈现出一定的宽松状态，但从整体看现阶段我国实施的仍然是稳健的货币政策。

图4-2中显示的是2001~2015年我国货币政策的变化与企业投资、负债规模波动之间的关系。其中，货币政策的波动由货币供应量增长率指标表示，企业投资规模由企业固定资产投资增长率指标表示，负债融资规模由企业信贷融资规模增长率指标表示。可以看出，我国的货币政策变动与企业的投融资行为之间存在一定的相关性。本书后续的实证分析中，考虑数据的时效性和可得性，样本的考察区间也设置为2001~2015年，这可以为后续实证研究的展开提供更多的经验基础。

（三）我国的财政政策

我国的财政政策在改革开放前后呈现出不同的特点。新中国成立到改

宏观经济环境、负债融资和企业投资行为

革开放之前，为促进社会主义改造的尽快实现，财政政策对不同所有制经济和行业实施"区别对待"，大力支持国有、集体经济和工业的发展。改革开放后，随着经济制度"市场化"改革的开始，"区别对待"的财政政策逐步消失，我国的财政政策开始走向调控宏观经济发展的"正轨"。本书对我国财政政策的回顾也是从这一时期开始的。

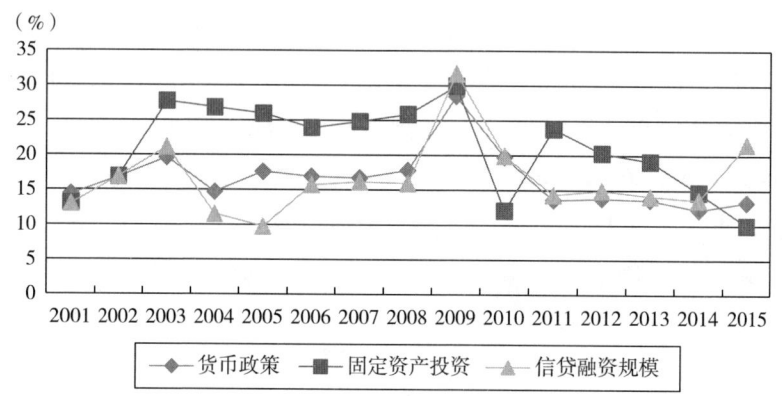

图 4 – 2　2001～2015 年我国货币政策变化与企业投资、负债规模波动关系
资料来源：国家统计局。

1978～1984 年：1978 年改革开放在我国开始正式推行，出现固定资产投资快速增长，经济发展过热的局面。为促进改革开放的发展，同时抑制经济的过快增长，这一时期的财政政策体现出紧缩与扩张相结合的特征，但财政政策的工具依然主要依靠行政与计划手段。

1985～1991 年：这一时期我国经济处于有计划的市场经济状态。1985 年，我国出现严重的物价上涨，政府实施了紧缩性的财政政策，有效抑制了经济的过热增长。1987～1988 年，我国再次出现严重的经济发展过热现象，我国政府随即实施了紧缩性的财政政策。这一时期的财政政策在稳定经济发展方面发挥了重要作用，但所使用的工具依然以行政手段为主。

1992～1996 年：1992 年，邓小平同志发表"南方谈话"，此后我国的

第四章 宏观经济环境视角下我国企业投融资行为的制度背景与经验证据

经济进入了社会主义市场经济发展阶段,也导致新一轮的经济增长过快。针对这一经济状况,我国在1993年推行了适度从紧的财政政策,有效缓解了较为严重的通货膨胀现象。同时,我国的财政政策也开始逐步转型,政策工具由以往的以行政手段为主,转变为以经济和法律手段为主,调控手段与方法更为灵活。

1997~2003年:1997年亚洲金融危机的爆发,导致我国对外出口大幅下降,国内需求明显萎缩。为保证我国经济的稳定发展,1998年我国开始实施积极的财政政策,而这一政策的实施也有效促进了我国经济的持续稳定发展。同时在这一阶段,财政政策开始综合运用行政、经济、法律等多种工具。

2004~2007年:2003年,我国的经济发展逐步摆脱了亚洲金融危机的阴影,从相对低迷向稳定提升转变。针对这一经济状况,我国的财政政策也开始从积极的财政政策向稳健的财政政策转变。同时,这一阶段的财政政策开始注重税收机制改革,并充分发挥财政政策在产业结构调整中的作用。

2008年至今:2007年爆发的美国次贷危机,迅速由资本市场波及实体经济,并扩散到全球。2008年这一经济危机开始波及我国,为应对这一严峻的经济状况,我国政府随即推行了积极的财政政策,从多方面减轻企业和居民的负担。这一阶段财政政策的最主要特征是政策工具的多元化,包括税收、国债、贴息、转移支付等多种手段。实践证明,这一积极财政政策有效刺激了我国经济的稳定发展。

图4-3中显示的是2001~2015年我国的财政政策变化与企业投资、负债规模波动之间的关系。其中,财政政策的波动由财政支出增长率指标表示,企业投资由企业固定资产投资增长率指标表示,负债规模由企业信贷融资规模增长率指标表示。可以看出,我国的财政政策与企业的投融资行为具有一定的相关性。本书后续的实证分析中,考虑数据的时效性和可得性,样本的考察区间也设置在2001~2015年,这就为后续实证研究的展开提供了更多的经验基础。

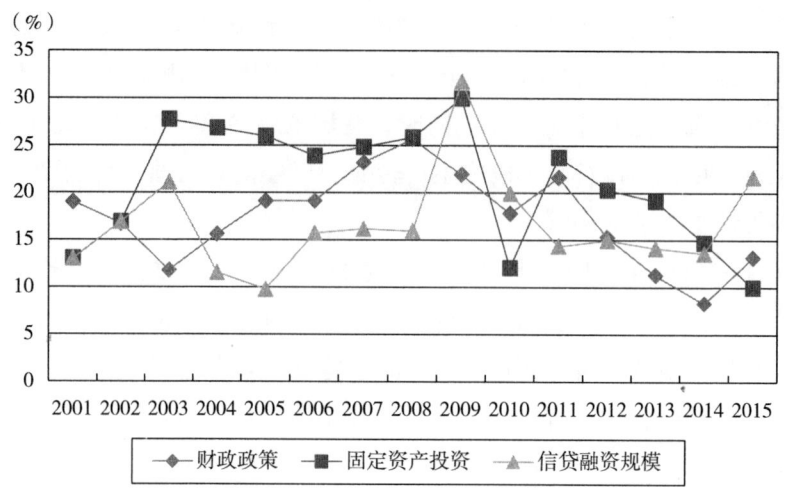

图4-3 2001~2015年我国财政政策变化与企业投资、负债规模波动关系
资料来源：国家统计局。

（四）我国的信贷市场

以1979~1998年为界，我国的信贷市场可以被分成以下三个不同的发展阶段，在我国信贷市场演变的不同阶段，信贷市场表现出不同的性质与特征。

1949~1978年：不存在独立信贷市场的阶段。由于我国的经济体制在这一阶段处于计划经济体制，信贷资金主要由计划部门统一分配。当时作为国家经济发展主体的国有企业资金，主要来自于国家财政的统一拨款。这一阶段，我国信贷市场中存在唯一的供给者是中国人民银行，但它同时又是政府管辖的一个部门，其运行主要按政府计划进行资金拨付，所以这一阶段我国并不存在真正的信贷市场交易，而我国的信贷市场也只是国家财政体系的一部分，并不是完全独立的。

1979~1997年：由计划手段控制的信贷市场阶段。从1979年起，我国陆续恢复了中国银行、中国建设银行、中国农业银行和交通银行等商业银行。1984年，中国工商银行成立。1987年，中信实业银行经改组后成

第四章 宏观经济环境视角下我国企业投融资行为的制度背景与经验证据

立。1992年,光大银行成立。这一阶段我国的信贷市场发展取得了显著的成效,但信贷市场仍处于国家计划控制状态,政府计划部门以直接的信贷额度控制作为主要的控制手段。同时,信贷市场的另一调控工具——利率由政府管理部门统一控制,基本保持固定状态,与信贷市场的供需状况无关,只有在通货膨胀的压力下才会做出必要的调整。这一阶段信贷市场的另外一个特征是国有资本和国有企业的绝对优势。从国有资本看,此时的国有独资资本在商业性存款机构中的占比高达94%;从国有企业看,我国信贷资本的配置方式仍以计划为主,主要支持国有经济的发展和国家的优先发展项目,因此大部分的信贷资本都流向了国有企业。

1998年至今:向市场化逐步转型的信贷市场阶段。1998年之后,我国的信贷市场开始由计划控制向市场化转型的实质变革。首先,1998年中国人民银行正式取消对商业银行贷款限额的控制,由指令性计划改为指导性计划,商业银行在遵循信贷原则和国家政策规定的前提下可以自主发放贷款。这一政策的变革导致我国的商业银行等金融机构开始重视资产负债表管理和风险管理,"以效益为中心"成为这一转型阶段中商业银行等金融机构的信贷原则,并直接影响着信贷资金的流向。其次,利率的市场化改革开始逐步展开,信贷市场的利率水平不再由政府统一控制,而是由信贷市场的供需决定。2004年,中国银行开始允许金融机构扩大贷款利率的浮动区间,自此我国的金融机构在利率决定即信贷资本的定价问题上开始拥有了一定的自主权。

1998年之后,我国信贷市场处于向市场化逐步变革的新阶段。这一阶段我国信贷市场的市场化变革取得了较大的发展,具体而言,我国的信贷规模迅速扩张,信贷质量明显提高,贷款期限趋于长期化,个人消费贷款发展迅速,国有商业银行的市场份额明显下降,信贷市场的竞争格局进一步加强等。虽然这一阶段的变革取得了很大的成效,但现阶段我国的信贷市场仍然存在一些问题,这些问题也体现了现阶段我国信贷市场的主要特征。

第一,信贷市场的高度集中。从供给方来看,我国的信贷市场上,国有与大型商业银行占据绝大部分信贷资本供给,中小金融机构占据的份额则相对较小。从需求方来看,信贷资本向大企业、垄断行业、大城市和东部沿海地区集中的趋势明显;个人、中小企业、竞争行业和经济相对不发达地区等作为信贷市场的需求方,其大部分信贷资本需求无法得到充分的满足。因此,我国信贷市场的过度集中特征还不能满足现阶段我国经济多元化的发展要求。

第二,征信体系建设的相对滞后。征信体系在现代金融市场中的主要作用是通过提供信用信息产品,使金融交易中的授信方了解信用申请人的资信状况,从而降低信用风险,促进申请人保持良好的信用记录。我国的征信体系建设起步较晚,尽管发展较快,但仍存在许多问题。例如,征信体系方面的法律法规严重缺失,到目前为止仅有 2009 年国务院颁布的《征信管理条例征求意见稿》,而没有一部专门的征信体系法律;信用信息的共享程度不足,大量关于企业和个人的信用信息都处于分散和相互屏蔽的状态,直接影响我国征信系统的效用发挥等。

本书后续的实证分析中考虑数据的时效性和可得性,样本的考察区间设置在 2001~2015 年。这一时间段的信贷市场正处于向市场化逐步变革的新阶段,而这一阶段中我国信贷市场所具有的典型特征也必然会对本书的研究结论产生一定的影响。

(五) 我国的股票市场

计划经济时期,我国并不存在股票市场。改革开放后,我国的股票市场经历了从无到有、从小到大的发展,完成了西方成熟的股票市场几十年甚至是上百年才能完成的发展历程。回顾改革开放以来我国股票市场的发展,大致可以划分为以下三个阶段。

1978~1992 年:萌芽阶段。1978 年党的十一届三中全会召开以后,改革开放成为我国的基本国策,社会主义市场经济体制初步确立。随着经济体制的改革,我国的股票市场也随即开始萌芽,1981 年恢复了国债的发行,随后开始发行企业债和金融债。1984 年,我国第一个公开发行的股票

第四章　宏观经济环境视角下我国企业投融资行为的制度背景与经验证据

（飞乐音响）首次发行了1万股。1990年，经国务院批准，上海证券交易所开始营业，这是我国的第一家证券交易所，同年深圳证券交易所也开始营业。伴随着我国证券发行量的增多和投资者队伍的壮大，股票的柜台交易在全国各地迅速展开，股票市场的一二级市场初步建成，证券经营机构也开始出现。1987年，我国的第一家专业证券公司正式成立。总体来看，这一阶段我国的股票市场还处于起步阶段，市场规模较小，以区域性试点为主，缺乏统一的监管和必要的法律法规，因此对企业融资的影响也相对较小，而这一阶段企业的投资行为仍主要依赖于内部的资金积累。

1993~1998年：形成与初步发展阶段。1992年，由于没有完善的股票市场监控机制，我国的股市价格呈现出空前的大幅波动现象。以上海证券交易所为例，1992年5月全面放开股价后上证综指从617点上升到1429点，随后新股上市，又下滑到387点。1992年的深圳"8·10"股票事件最终促使我国政府开始建立股票市场监管体系。1992年，国务院证券管理委员会和中国证券监督管理委员会（以下简称中国证监会）成立，全国性的股票市场监管体系正式确立，我国的股票发行范围也由上海、深圳的区域性试点推向全国。1998年，中国证监会成为我国证券期货市场的监管部门，并陆续颁布了《股票发行与交易管理暂行条例》《公开发行股票公司信息披露实施细则》等一系列股票市场的法律法规，自此我国股票市场逐步走上正规化发展道路，同时上市公司的数量、总市值和交易量、股票筹资额等发展指标都显示出我国的股票市场在这一时期进入一个快速发展的阶段。到1998年底，据统计我国证券公司共计90家，而证券营业部高达2412家。总体来看，这一阶段我国的股票市场处于逐步发展阶段，市场规模不断扩张，并从区域性试点扩大到全国范围，监管体制和法律法规逐步完善，因此这一阶段中我国企业的融资方式也开始多元化，外部融资形式逐步被大多数企业接受，股票市场对企业融资与投资行为的影响进一步加大，但也应该看到这一阶段的股票市场发展并不足够规范，监管体系也有待完善。

1999年至今：规范和发展阶段。1998年，《证券法》正式颁布，这是我国第一部规范证券发行与交易行为的法律。2005年，我国修订并颁布了新的《证券法》，标志着股票市场进入规范程度更高的发展阶段。这一阶段中，我国的国有企业和非国有企业开始重视在股票市场的直接融资方式，与此同时我国的机构投资者也不断发展壮大。2001年，我国加入WTO，我国的金融体系开始面向世界。2002年QFII制度开始实施。2005年，股权分置改革启动，创新性地采用市场化的方法解决股权分置问题。在我国股票市场影响力日益增长的同时，我国股票市场的监督体系也趋于完善。2002年，证监会设立专门机构来查处股票市场中的市场操纵行为和内部交易行为。

从我国股票市场发展的三个阶段可以看出，我国股票市场的发展是不断成熟与完善的。在股票市场不断发展的过程中，股票市场对企业融资与投资行为的影响力也逐步增加，同时股票市场在资本配置方面的能力与规范化发展程度也不断得到提高。具体而言，一方面，拓宽了我国企业的融资渠道，降低了企业的外部融资约束。股票市场在发展的第一与第二阶段，受规模与制度所限，企业进入的融资门槛很高。这一阶段我国大部分企业的外部资金主要来自于银行信贷，企业的外部融资渠道十分有限，导致我国企业外部融资约束现象的普遍存在。直到股票市场进入第三个发展阶段，我国企业可选择的外部融资工具范围扩大，股票市场规模扩大，企业进入门槛降低，极大地缓解了我国企业的融资约束，促进了我国企业的投资行为。另一方面，法律法规逐步健全，股票市场走向规范化发展道路。我国股票市场发展的历程也是法律法规不断完善的历程，为规范股票市场发展，我国先后颁布了45部与股票市场相关的法律法规。这些法律法规的颁布与实施，初步构建了与我国股票市场发展相配套的法律体系，对推动我国股票市场的法制化、规范化发展意义深远。

从图4-4和图4-5可以看出，我国股票市场的规模一直处于不断扩张的趋势，市场交易活跃程度趋于上升，据此可以判断出我国股票市场的融资能力也在持续提高。特别是在我国股票市场进入第三个发展阶段后，我国的股票市场进入一个快速发展的新阶段。在后续的实证分析中，考虑

第四章　宏观经济环境视角下我国企业投融资行为的制度背景与经验证据

数据的时效性和可得性，样本的考察区间设置在 2001～2015 年。这一时间段的股票市场正处于上文所划分的第三阶段，这一阶段中我国的股票市场处于快速发展的新阶段，而这一阶段中我国股票市场融资能力的增强也必然会对本书的研究结论产生一定的影响。

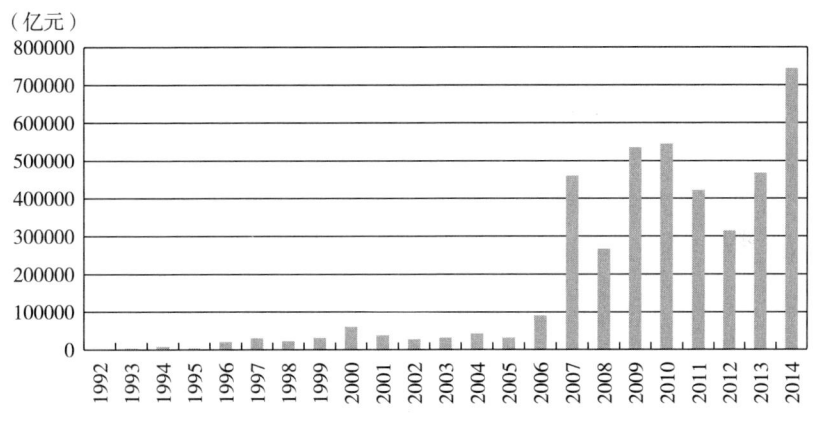

图 4-4　1992～2014 年我国股票成交金额

资料来源：国家统计局。

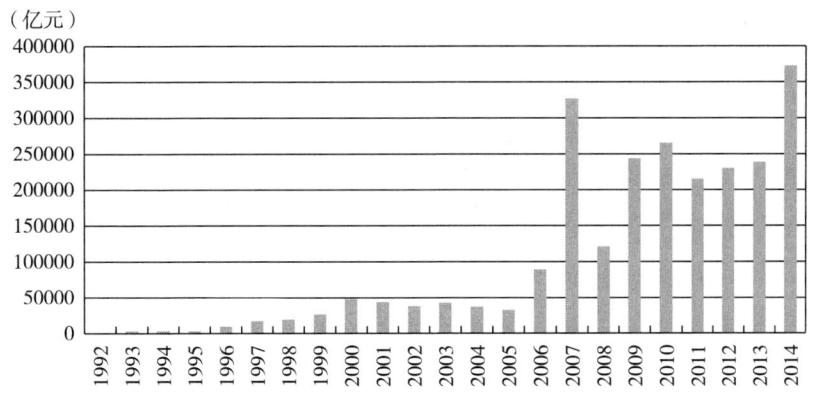

图 4-5　1992～2014 年我国股票市价总值

资料来源：国家统计局。

二、我国企业投融资运行机制的历史演进：基于制度变迁的分析逻辑

关于企业投融资体制的含义，不同的学者从不同的角度出发，所得出的具体定义也不尽相同。综合来看，大多数学者都认可企业的投融资体制是一个综合性的概念，包括投资主体行为、资金筹措方式、投资使用方式、项目决策程序和宏观调控、制度安排等多方面内容，也包括经济、法律和行政等多种手段的运用。本书选用国家计委投资研究所课题组在1993年对投融资体制所做出的定义作为对投融资运行机制概念的宏观界定，即投融资运行机制是指组织、领导和管理社会投融资活动的基本制度和主要方式、方法，是一国固定资产投资活动运行机制、管理制度和资金筹措等内容的总称。而从微观企业层面界定，投融资体制的运行机制则是指在特定的制度环境，企业投融资体制中各构成要素之间运行关系的总和。从定义中可以看出，企业的投融资体制包括企业进行资本融通、固定资产投资、运作与监管等行为的一系列制度安排，必然与企业的投融资行为密切相关。因此为深入分析本书的研究目的，即宏观经济环境对我国企业负债融资和投资行为的影响，对投融资运行机制进行深入的分析就显得尤为重要。

从企业投融资运行机制的定义中可以看出，企业投融资运行机制是由一定的经济体制决定的，并与一国的经济发展状况密切相关，因此从这一角度分析，企业的投融资运行机制是属于经济范畴的。同时，企业的投融资体制具有动态化的特征，某一阶段的企业投融资体制是与该阶段的经济环境相互作用的结果。也就是说，企业的投融资运行机制会随着经济环境的变化而发生相应的演进与变迁，因此从这一角度分析，企业的投融资运

行机制又是属于历史范畴的。由此可见,对企业投融资运行机制的分析既要把握经济的视角,也要依据历史的变迁,这样才能真正全面地分析我国企业的投融资运行机制。下面从经济视角入手,结合我国不同阶段制度安排的历史变迁,归纳与分析我国企业的投融资运行机制。

(一) 计划经济体制下我国企业投融资运行机制的演变历程

1949年到改革开放之间,我国在经济领域推行的一直是计划经济的基本制度,而计划经济体制体现在投融资领域的主要特征是高度集权。在计划经济背景下,国家是唯一的投资与融资主体。具体而言,这种投融资运行机制包括以下几个主要方面:①一国政府的投资,以满足全社会的需要为目的,进行统一组织与规划的投资活动;②一国政府的融资,通过财政收入的形式,从全社会各行各业无偿地、强制性地集中所需资金;③一国政府的分配,通过直接的行政手段在各地区、各部门间进行投资项目的分配,由项目所隶属的行政部门组织投资的具体实施,项目投资后的盈利仍以财政收入的方式无偿地、强制性地再集中。

具体到我国而言,我国在计划经济背景下的投融资运行机制也是一种高度集权的运行模式。图4-6描述了我国计划经济背景下的投融资运行机制,在这种运行机制下,我国政府是投融资行为的绝对主体,也是项目投资的受益者。另外,我国政府通过指令性计划直接参与微观企业的融资与投资决策,企业并没有独立的经营自主权,也不能自主分配经济收益。同时,投资项目由我国政府统一规划,并通过行政立项审批的方式进行管理。

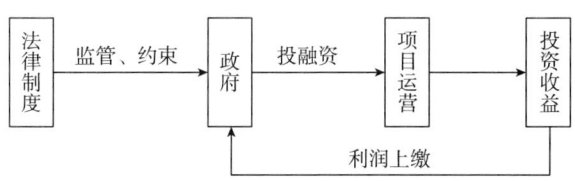

图4-6 我国计划经济背景下的投融资运行机制

总体而言，这一阶段我国企业的投融资运行机制表现出典型的高度集权特征。这种投融资运行机制对于处于特殊时期的我国而言，有利于在短期内集中更多的社会资源进行基础项目的重点建设，但不利于发挥地方、企业和个人的积极性。因此，从长远来看，这种投融资运行机制并不利于资本配置效率的提高和投资效益的改善。

（二）市场经济体制下我国企业投融资运行机制的演变历程

改革开放以后，随着社会主义市场经济体制改革的不断深入，我国企业的投融资运行机制也发生了深刻的变化，图4-7描述了我国市场经济背景下的投融资运行机制。

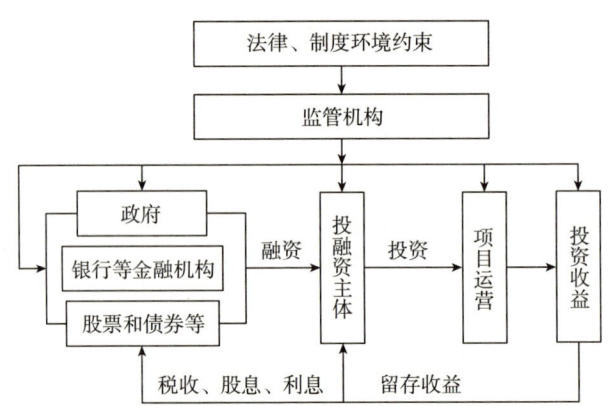

图4-7 我国市场经济背景下的投融资运行机制

这一阶段我国企业投融资运行机制的特点主要包括以下几点：第一，与以往的政府行政控制不同，市场化交易机制开始在我国的社会资源配置中发挥基础性作用，同时政府不再是投融资行为的唯一主体，企业作为投融资主体的独立地位逐步确立；第二，企业的融资行为不再由政府统一的财政拨款提供，也不再仅依靠企业的内部积累，而是出现寻求外部融资的

第四章 宏观经济环境视角下我国企业投融资行为的制度背景与经验证据

多样化融资手段，我国企业主要的外部融资渠道包括三种途径，即银行和其他金融机构的信贷资金、股票和债券等直接融资以及政府的政策性融资；第三，企业的投资通过多种方式的资金注入，由企业按照投资原则和项目运营规律进行投资项目的选择、管理与建设，政府不再直接参与企业的日常生产与经营，企业开始拥有一定的自主投融资决策权；第四，企业投资收益的分配不再由政府强制集中进行再分配，而是依照融资契约，由投资行为的主体将其中的部分投资收益以税收的形式上缴政府，将其中的另一部分收益以股利的形式分配给股东或者债权人，剩余部分则由企业留存，用以维持企业的日常运营或者扩大再生产。

改革开放至今40多年的时间里，我国企业投融资活动的有序开展离不开投融资运行机制中经济制度、法律制度、信用制度和监管体系等多种因素的约束，同时为适应我国企业投融资行为的发展需求，促进企业生产力的提高，我国的投融资运行机制在不同的阶段也呈现出不同的演化特征。下面将对改革开放以来我国投融资运行机制的变迁进行回顾，大致可以划分为以下四个不同的阶段。

1978~1987年：我国投融资运行机制发展的起步阶段（从集权主导型向分权主导型转变）。在1949年后的近30年里，我国推行的一直是计划经济体制这种经济制度，这一经济制度也导致这一阶段我国的投融资运行机制处于集权主导型。在集权主导型投融资运行机制的背景下，我国的企业并不具有独立的自主经营权，企业投资的资金筹集主要由国家财政拨付，企业的投资决策权完全由政府掌控，而企业的投资收益则无偿地上缴于政府，再由政府统一分配。政府在这一投融资运行机制中，一方面进行宏观决策与调控，另一方面还要兼顾企业投融资的微观决策与管理。随着我国经济水平的不断提高，这种集权主导型的企业投融资运行机制已不再适应我国生产力水平的提高，也就造成政府预算拨款配置效率的下降和企业投资效益的每况愈下。

基于这种情况，1978年党的十一届三中全会后，改革开放成为我国的基本国策，我国企业的投融资运行机制也开始从集权主导型向分权主导型转变的改革。这一阶段我国企业投融资运行机制改革的重心是简政放权、缩小指令性计划范围。在这一改革中，中央政府作为改革的发起者和组织者，主要凭借其行政权力和法律规范按照自上而下的程序统一展开。改革的主要内容包括：第一，"分灶吃饭"。由1949年以来中央"统收统支"的财政分配体制转变为"分灶吃饭"的财政包干体制，国有企业开始推行经营承包制，同时乡镇企业和三资企业开始出现。我国的投融资主体从以往的政府单一主体局面，逐步被多样化的投资主体局面所打破。第二，资金管理的改革。1979年国务院颁布了《关于基本建设投资试行贷款办法的报告》和《基本建设贷款试行条例》，规定企业投资所需资金，除尽量利用企业的自有资金外，一律由财政拨款改为银行贷款，由此开始关于出资方式的"拨改贷"改革，导致企业资金来源中国家拨款的份额日益减少，而银行贷款的份额日趋增多。第三，改进投资计划管理体制。为改变原有投融资运行机制中政府对企业投融资决策权的过度干预，从1979年开始，我国政府开始推行简政放权，扩大企业的投融资决策自主权。1984年，国务院颁布了《关于改革建筑业和基本建设管理体制若干问题的暂行规定》和《关于改革计划体制的若干暂行规定》，简化投资项目审批程序并向地方政府下放审批权限，同时进一步缩小对企业投资的指令性计划范围。

这一阶段的改革扩大了市场竞争机制在投融资领域的调节作用，提高了企业的投资效益，初步实现了政府的放权让利。

1988~1991年：我国投融资运行机制发展的稳步推进阶段（由分权主导型向全面扩散型转化）。我国的投融资运营机制在经历第一阶段的初步改革后，进入以整顿治理为主的实质性改革阶段。1988年，国务院颁发了《关于投资管理体制的近期改革方案》，宣告投融资运行机制新一轮改革的开始。该方案进一步明确了企业在投融资决策上的独立地位和政府的宏观调控地位，决定建立中央与地方的分工负责制和包干责任制。

在《关于投资管理体制的近期改革方案》的指引下，我国企业的投融资运行机制改革稳步推进，这一阶段的主要改革内容包括：第一，初步划分中央和地方政府的投资权责，对建设项目的投资开始采用分层次管理模

第四章 宏观经济环境视角下我国企业投融资行为的制度背景与经验证据

式,全国和跨地区的重大项目由中央负责,区域性的地方项目由地方负责,同时推行"谁投资,谁受益"的分配原则。第二,进一步明确企业的投资权责和投融资决策权,企业在遵循国家计划和法律法规的前提下,可以自主地筹措资金,自主地决定投资方式和建设方案,自主地分配投资效益。第三,用经济办法进行投资管理。1988年,我国成立专业投资基金公司。国家专业投资基金公司主要负责经营管理中央投资的经营性固定资产投资项目,并受国家计委和专业经济管理部门的双重领导与监督,通过独立核算制度,逐步将各投资主体之间的行政关系转变为经济合同关系。第四,基本建设基金制的建立。为保证国家重点建设项目有稳定的资金来源,我国建立了基本建设基金制,实行专款专用制度,有力地促进了我国基础工业与设施的建设以及重大社会发展项目的建成与投产。第五,明确政府的投资导向。国务院相继发布《中华人民共和国固定资产投资方向调节税暂行条例》和《关于当前产业政策要点的决定》,前者以税收的方式对我国的投资方向进行调解,而后者用产业政策的形式对我国的产业结构进行宏观调控,明确了政府在投资方向与产业发展上的态度与立场。第六,对外开放与外资引入。设立经济特区,在经济特区内实行开放政策,以吸收外商的直接投资,到1991年底基本建设投资的资金来源结构中外资已占11.34%的份额。

经过这一阶段的改革,我国基本形成计划调节与市场调节相结合的投融资运行机制,我国企业的投融资主体地位、投融资决策机制和投资项目管理体制等都发生了系统性的深刻变化。

1992~2000年:我国投融资运行机制发展的全面深化阶段(由全面扩散型向需求驱动型转变)。党的十四大召开以后,社会主义市场经济体制开始作为我国经济体制改革的目标。

随着社会主义市场经济体制目标的确立,我国的市场化改革进一步深入,与此同时,我国企业的投融资运行机制改革也进入由全面扩散型向需求驱动型转变的新阶段。这一阶段的主要改革内容包括:第一,投融资方式的转变。依据投资主体的不同和建设项目的不同,将全部的投资项目分为竞争性项目、基础性项目和公益性项目三类。竞争性项目以企业为投融资主体，企业在项目的投融资决策中处于完全自主的地位。基础性项目以中央及地方各级政府为投融资主体，并适当吸收企业和外商参与。公益性项目以各级政府为投融资主体，利用财政拨款，统一建设管理。第二，实行项目法人责任制和固定资产投资项目资本金制度。国务院于1996年颁布《关于固定资产投资项目试行资本金制度的通知》，规定除外商投资项目以外的各种投资项目都必须在落实资金的前提下才能开始建设。同年，国家计委颁布了《关于实行建设项目法人责任制的暂行规定》，规定国有单位经营性基本建设大中型项目必须依托一个能承担民事责任的法人，该项目法人对项目负全面责任。第三，市场对资源配置作用的强化。1994年，我国进行财税金融体制的配套改革，由原有的财税包干制改为分税制，推行经常性预算与建设性预算相分离的复式预算管理体制，同时组建国家开发银行，实现商业性贷款和政策性贷款的分离。第四，扩大企业的融资渠道。1992年，国家颁布了《股份制试点企业宏观管理暂行规定》和《股票发行与交易管理暂行条例》等文件，促进了我国股票市场的进一步发展，我国的股票、债券发行规模不断扩大，融资结构的多元化特征日益显著。

经过这一阶段的改革，政企分开和产权制度改革进一步深入，政府逐步从竞争性投资领域退出，国有企业与非国有企业成为独立的投融资主体。可见，这一阶段我国企业的投融资运行机制产生了深刻的积极变革，但也应该看到这一阶段我国企业的投融资运行机制中仍存在不少弊端，制约了企业的投资效率。

2001年至今：我国投融资运行机制发展的突破创新阶段（由需求驱动型向市场引导型转变）。我国企业的投融资运行体制在经过前三个阶段的改革后，呈现出多方面的积极变化，主要包括投资主体多元化、投资决策分层化、融资渠道多源化、项目实施市场化、投资管理间接化等。具体而言：①投资主体多元化，由计划经济体制下政府是唯一的投融资主体转变为各级政府、国有企业、集体企业、外资企业、私营企业和个人投资者等

第四章 宏观经济环境视角下我国企业投融资行为的制度背景与经验证据

构成的多元投融资主体格局;②投资决策分层化,由计划经济体制下政府统一的行政审批决策转变为地方和企业都拥有一定的投资决策自主权;③融资渠道多源化,由计划经济体制下我国投资项目的大部分资金都来自于政府的财政拨款转变为现阶段全社会的固定资产投资中,自有资金、银行贷款、债券和股票、外资引进等方式都成为主要的资金来源;④项目实施市场化,由计划经济阶段投资项目实施过程中的行政管理模式转变为在投资项目实施中的评估、设计、施工、采购等各个环节中采用市场化的招投标制和承包制;⑤投资管理间接化,由计划经济体制下投资政府对投资项目直接的行政管理方式转变为用经济、法律、补贴、税收等多种间接管理手段对企业的投融资行为进行宏观调控。

虽然我国的投融资运行机制改革已取得显著的进展,但也应该清醒地看到,进入21世纪以来,日益严峻的国际经济竞争局势下,我国的经济增长依然保持较高的速度,但社会财富的积累并没有实现同步增长,同时我国企业投融资运行机制的建设依然是经济发展中相对滞后的部分。为促进我国企业投融资运行机制改革的突破与创新,解决存在于旧体制下的深层次矛盾与问题,我国政府在这一阶段不断做出努力。

这一阶段的主要改革内容包括:第一,党的十六大召开,会议中明确了国资国企"分级所有、政资分开",可以看作我国企业投融资体制深层次改革的开端。第二,2001年,国家计委取消第一批五大类行政审批的事项。第三,2004年,国务院颁发了《关于投资体制改革的决定》,这是我国投资运行机制深层次改革取得进展的重要标志。该决定从国家政策的角度确立了我国企业的投资主体地位,规定对企业的投资行为不再实行审批制,而是分不同情况实行核准制和备案制。此后,国家发展改革委又颁布了《企业投资项目核准暂行办法》和《国家发展改革委关于实行企业投资项目备案制指导意见的通知》,建立了我国企业投资项目核准制和备案制的基本框架。

在这一阶段,我国的投融资运行机制从需求驱动型向市场引导型转变,我国企业的投融资主体地位得到进一步强化,政府的投融资行为得到进一步规范，宏观管理与监督机制都得到进一步的完善，特别是国有资本的出资人制度得以建立。但是我国的企业投融资运行机制改革还远远没有实现完全到位，很多根本性问题还需要我们以适应投融资行为发展为目的，不断解决与完善。

总体而言，从党的十一届三中全会以来我国投融资运行机制的历史演进中可以看出，我国投融资运行机制的变革由我国经济体制的变革所决定，并顺应我国经济体制变革的主旋律，初步实现了分权化和市场化的方向，经历了从集权主导型到分权主导型，由分权主导型到全面扩散型，由全面扩散型到需求驱动型，再由需求驱动型到市场引导型的不断演变与发展。每一个改革阶段的运行机制变革都不断地解决上一阶段运行机制的某些弊端，完善上一阶段运行机制的某些缺点，而我国的投融资运行机制也在这种不断的变革中逐步适应并促进着我国企业的投融资行为，最终推动我国经济的不断发展壮大。

三、我国企业投资行为的特征与现状

（一）我国企业的投资行为特征

一国的投资体制是国家组织和管理社会投资活动的方式、方法与基本制度，因而每个企业的投资行为都会因为所处环境中投资体制的差异而表现出不同的特征。改革开放以后，我国企业在投资决策中拥有更多的自主权，也承担了更多的责任，但由于改革过程中的历史遗留问题，我国企业的投资行为依然体现出很多不同于西方发达国家企业投资行为的特征，主要体现在以下几个方面。

第四章　宏观经济环境视角下我国企业投融资行为的制度背景与经验证据

1. 不同产权性质企业投资目标的差异

对于我国的国有企业而言，国有股一般在企业中占据较大比例，政府对企业的干预程度较强，因此国有企业除追求利润最大化的经营目标外，还承担政府的目标，而政府的目标实际上就是地方官员的政绩考核目标。由于大中型国有企业可以带动就业、提高财政收入、刺激经济增长，有利于地方官员在晋升博弈中获胜，因此地方政府有很强的动机干预国有企业的扩大投资行为。对于我国的非国有企业而言，我国的非国有经济主要包括集体经济、外资、私营、联营与股份制经济等。除集体企业以外的其他非国有经济其产权都属于股东，因此其经营目标也必然是股东利益最大化。在此目标的指引下，具体到企业的投资行为上就是追求投资项目利润的最大化。

从以上分析中可以看出，我国国有企业具有双重投资目标，而非国有企业的投资则是以股东利益最大化为目标。整体来看，近年来在一般竞争性领域内非国有投资主体已经开始展现出强大的实力与优势，同时在一些垄断竞争的基础设施领域，非国有投资主体也开始涌现，并日益显示出其强大的竞争潜力。表4-1中列示了2010~2014年国有、集体和私营等不同产权性质投资规模在全社会固定资产总额中所占的比重。可以看出，国有固定资产投资所占的比重一直趋于下降，而非国有固定资产投资所占的比重一直趋于上升，2013年私营固定资产投资所占的比重首次超过国有固定资产投资所占的比重，2014年这一差距再次扩大。以上对比结果说明，近年来非国有投资的增幅逐步扩大，国有投资的主导地位逐步让位于非国有投资。同时也应该看到，我国非国有投资的扩大在很大程度上得益于政策投资的带动效应。

2. 投资决策权的大股东控制问题

我国的大部分股份制上市公司都是由国有或者集体企业改造而来的，国有股的主体地位造成严重的股权结构集中问题。股份制改革要求企业在投资决策上贯彻投票立宪制决策原则，同时在投资决策程序过程中采取"上下对话"的方式，但以上原则与方式的实现必须以公司股权的分散或者相对分散为前提。而在股权集中的情况下,董事会一方面是公司投资决策方案的制定者,另一方面又在股东大会中占有多数席位,因此董事会提交给股东大会的投资决策方案基本都会通过。可见,上市公司的股权集中问题是能否贯彻实施股份制投资决策安排的关键所在,但现阶段并没有出现真正有效的方法实现我国上市公司的股权分散化。同时我国大部分上市公司的股东大会都对董事会的投资决策权实施严格控制(拟投资项目金额超过公司净资产的10%需股东大会批准为严格投资控制,拟投资项目金额超过公司净资产的50%需股东大会批准为宽松投资控制),这一制度也再次反映了我国上市公司投资决策权的大股东控制问题。虽然这种制度有助于缓解经理层的过度投资,但也限制了董事会的投资决策权限。

表4-1 2010~2014年不同产权性质投资规模构成　　单位:%

年份 项目	2010	2011	2012	2013	2014
国有全社会固定资产投资占比	33.10	26.48	25.68	24.61	24.41
集体全社会固定资产投资占比	3.99	3.29	3.20	2.98	2.97
私营全社会固定资产投资占比	24.07	22.90	24.40	27.16	29.21
其他占比	38.84	47.33	46.72	45.25	43.41

资料来源:国家统计局。

3. 企业投资决策程序的不健全

为保障企业投资决策行为的科学性和有效性,上市公司必须建立规范合理的投资决策机制。但我国上市公司在投资程序的规范化建设中与西方发达国家仍存在较大差异。例如,投资项目的可行性分析报告由于各种技术问题往往不能提供充足和有效的价值与风险信息,从而对企业做出投资决策所起到的辅助作用十分微弱;上市公司中股权过度集中,管理层激励与约束机制不够严格,公司治理结构混乱等问题,导致公司内部难以建立有效的投资决策机制;地方政府为促进地方经济的发展,把上市公司作为地方性的融资中介,对可行性报告的审批流于形式,造成上市公司投资行

第四章 宏观经济环境视角下我国企业投融资行为的制度背景与经验证据

为外部审批环节的形同虚设。

(二) 我国企业的投资行为现状

改革开放以来，我国的投资总额从整体上看一直处于上升趋势。表4-2反映了我国2001~2014年的全社会固定资产总额及其增长率。可以看出，2001年的全社会固定资产总额为37213.5亿元，到2014年这一指标增加到512020.7亿元，增加了近13倍，可见我国的整体投资规模扩张十分迅速。从全社会固定资产总额的增长率指标看，2001~2014年的增长率均值为21.78%，可见我国的固定资产投资一直保持着较高的增速。从变动趋势看，我国全社会固定资产总额的增长率在2009年达到最高值，2009年之前整体处于上升趋势，2009年之后处于波动下降趋势，造成这一变动的可能原因在于受美国次贷危机的影响，我国在2009年推行了一系列促进投资的相关政策，而2009年之后为摆脱经济危机的困扰，我国逐步改变对投资规模单一指标的追求，转而更为关注投资效率的提高与产业结构的升级。

表4-2 2001~2014年固定资产投资总额与构成

年份	本年度投资金额（亿元）	固定资产投资资金增长率（%）	建筑安装工程占比（%）	设备工具器具购置占比（%）	其他费用占比（%）
2001	37213.5	13.05	61.68	23.74	14.58
2002	43499.9	16.89	61.10	22.72	16.18
2003	55566.6	27.74	60.19	22.82	16.98
2004	70477.4	26.83	60.73	23.45	15.82
2005	88773.6	25.96	60.13	24.13	15.73
2006	109998.2	23.91	60.71	23.24	16.05
2007	137323.9	24.84	60.82	22.99	16.19
2008	172828.4	25.85	60.73	23.49	15.78
2009	224598.8	29.95	61.78	22.64	15.58
2010	251683.8	12.06	61.82	21.39	16.79

续表

年份	本年度投资金额（亿元）	固定资产投资资金增长率（%）	建筑安装工程占比（%）	设备工具器具购置占比（%）	其他费用占比（%）
2011	311485.1	23.76	64.27	20.92	14.81
2012	374694.7	20.29	65.02	20.74	14.24
2013	446294.1	19.11	66.87	20.41	12.73
2014	512020.7	14.73	68.32	19.73	11.96

资料来源：国家统计局。

我国全社会固定资产投资按构成可分为建筑安装工程、设备工具器具购置和其他，表4-2还列示了2001~2014年我国全社会固定资产投资的构成比例。可以看出，建筑安装工程在我国固定资产投资中一直处于主导地位，所占比例都在60%之上，特别是2014年达到最高值68.32%，这也反映出我国对基础建设投资的注重。

我国固定资产投资的资金来源主要包括国家预算、国内贷款、外资、自筹资金和其他。改革开放后，国家预算这一在计划经济时期曾在我国固定资产投资资金中占据主导地位的来源方式开始逐步收缩，而自筹资金开始成为我国固定资产投资资金中占据最大比例的来源方式。表4-3列示了2001~2014年我国固定资产投资的资金来源结构。可以看出，自筹资金这一来源方式所占的比例一直处于上升的趋势，从2001年的49.79%增加到2014年的69.87%，这一数字也说明了近年来我国企业投资所使用的资金，大部分都是依靠股票市场、自有资金或者发放债券等自筹方式取得的。国内贷款是除自筹资金之外，我国固定资产投资资金的最主要来源，这也反映出银行在我国的金融市场中依然处于主导性地位。而外资在我国固定资产投资资金的各项来源中一直处于最低的比例，2001~2014年还一直处于整体下降的趋势，2014年仅占比0.75%，这一趋势反映出随着我国资本市场的不断完善与发展，我国企业对外资的依赖逐步降低。从我国固定资产投资资金的来源变化看，近年来我国企业投资的融资渠道日益多元化，但政府预算在固定资产投资资金来源结构中所占的比例并没有发生

第四章 宏观经济环境视角下我国企业投融资行为的制度背景与经验证据

太大的变化,一直占5%左右,可见我国政府依然存在直接干预企业资源配置的情况。

表4-3 2001~2014年固定资产投资资金来源结构 单位:%

年份	国家预算内资金占比	国内贷款占比	利用外资占比	自筹资金占比	其他资金占比
2001	6.70	19.06	4.56	49.79	19.89
2002	7.02	19.67	4.63	50.65	18.04
2003	4.59	20.55	4.43	53.65	16.78
2004	4.37	18.49	4.41	55.35	17.39
2005	4.39	17.25	4.21	58.26	15.89
2006	3.93	16.47	3.64	59.75	16.21
2007	3.88	15.28	3.40	60.59	16.84
2008	4.35	14.46	2.90	64.79	13.50
2009	5.07	15.71	1.85	61.35	16.03
2010	4.55	15.40	1.65	62.55	15.85
2011	4.29	13.39	1.46	66.29	14.56
2012	4.63	12.59	1.09	67.81	13.88
2013	4.54	12.09	0.88	68.00	14.50
2014	4.92	12.00	0.75	69.87	12.46

资料来源:国家统计局。

表4-4列示了2006~2014年我国固定资产投资在各个行业中的构成情况。可以看出,我国固定资产投资在不同行业中的分布存在较大的差异。2006~2014年,制造业在我国固定资产投资中所占的比例最大,在30%以上;紧随其后的房地产业也占有较大的比例,为20%;而其他产业所占比例大部分未超过10%。由此可见,我国的固定资产投资在不同行业中的分布并不均衡,其中制造业和房地产业作为我国固定资产投资的支柱行业,其投资规模占我国固定资产投资比例的一半以上。

表4-4　2006~2014年固定资产投资分行业构成　　　　　单位:%

行业占比＼年份	2006	2007	2008	2009	2010	2011	2012	2013	2014
农、林、牧、渔业	2.48	2.48	2.93	3.07	2.85	2.81	2.93	3.02	3.24
采矿业	4.28	4.28	4.46	4.10	3.96	3.77	3.55	3.28	2.84
制造业	32.41	32.41	32.81	31.44	31.86	32.98	33.24	33.10	32.62
电力、燃气及水	6.89	6.89	6.36	6.43	5.64	4.71	4.45	4.40	4.46
建筑业	0.95	0.95	0.90	0.89	1.01	1.08	1.00	0.82	0.81
交通运输、仓储和邮政业	10.31	10.31	9.85	11.12	10.81	9.08	8.39	8.24	8.44
信息传输计算机服务和软件业	1.35	1.35	1.25	1.15	0.88	0.70	0.72	0.69	0.80
批发和零售业	2.10	2.10	2.17	2.29	2.17	2.39	2.62	2.85	3.09
住宿和餐饮业	1.11	1.11	1.13	1.17	1.21	1.27	1.38	1.35	1.22
金融业	0.11	0.11	0.15	0.16	0.18	0.21	0.25	0.28	0.27
房地产业	23.62	23.62	23.40	21.98	23.33	26.22	26.46	26.62	25.65
租赁和商务服务业	0.69	0.69	0.78	0.91	0.97	1.09	1.25	1.32	1.56
科学、技术和地质勘查业	0.41	0.41	0.45	0.53	0.50	0.54	0.66	0.70	0.82
水利、环境和公共设施管理业	7.39	7.39	7.83	8.85	8.93	7.87	7.91	8.44	9.03
居民服务和其他服务业	0.32	0.32	0.30	0.36	0.40	0.46	0.51	0.47	0.46
教育业	1.73	1.73	1.46	1.57	1.45	1.25	1.23	1.22	1.31
卫生、社会保障和社会福利业	0.64	0.64	0.67	0.83	0.76	0.75	0.70	0.70	0.78
文化、体育和娱乐业	0.91	0.91	0.92	1.06	1.06	1.02	1.14	1.17	1.21
公共管理和社会组织	2.31	2.31	2.17	2.11	2.04	1.81	1.61	1.32	1.41
国际组织	0	0	0	0	0	0	0	0	0

资料来源：国家统计局。

（三）我国企业的投资收益率

投资是企业最为重要的财务决策之一，而企业进行投资的最主要目的

第四章 宏观经济环境视角下我国企业投融资行为的制度背景与经验证据

是实现预期的回报收益,因此从理论上说,企业的投资收益率高于资本成本是企业进行投资活动的基本条件。为考察我国上市公司的投资收益率情况,我们收集并整理了我国 2001～2015 年全部上市公司本年度的资产收益率均值数据,并将其与同年度一年期短期贷款的负债融资成本进行对比,如图 4-8 所示。可以看出,代表上市公司资产收益率的折线从 2008～2009 年出现大幅度下降,近几年其总体趋势又有所反弹,可能的原因在于受 2007 年美国次贷危机的影响,我国上市公司的业绩出现普遍下滑,通过近几年的宏观调控与产业升级,情况已有所缓解,而代表负债融资成本的一年期短期贷款则波动不大。从两者的对比情况看,在考察期内,除 2007 年、2011 年和 2013 年我国上市公司的资本收益率均值高于负债融资成本外,其余大部分年度我国上市公司的资本收益率均值都低于负债融资成本。这一对比结果一方面反映了我国上市公司的营利性差,投资收益率普遍较低,另一方面也初步印证了我国上市企业通过负债融资扩大投资时,并没有显著提升企业的投资效率,而如何有效发挥债务的治理效应,

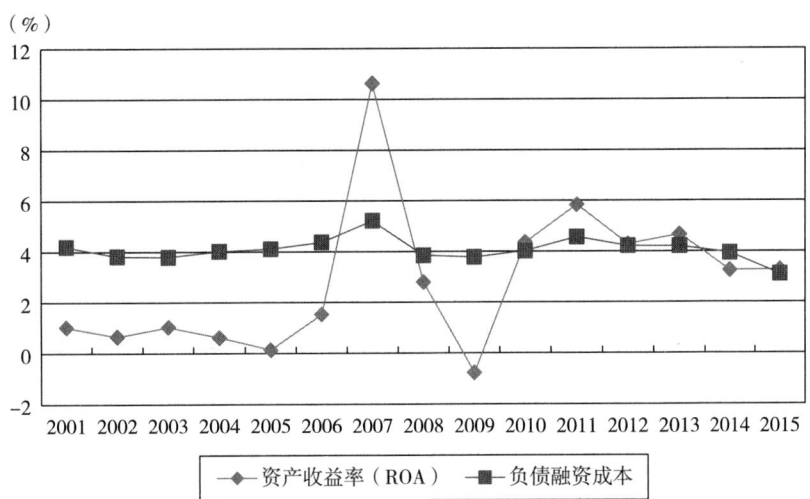

图 4-8 2001～2015 年我国上市公司资产收益率与负债融资成本比较

注:若公司当年净利润为正,则当年负债融资成本为企业一年期贷款利率×(1-33%),否则为当年一年期贷款利率。

资料来源:国泰安数据库与中国人民银行官方网站。

提升我国上市公司的投资收益率，就值得我们开展进一步的探讨与研究。

四、我国企业负债融资的方式与特征

企业的融资方式一般是指融通资金的具体手段、方式或者渠道。常见的融资方式依据资金的来源划分，可分为内源融资和外源融资。其中，内部融资是由企业自有资金以及在生产经营活动中累积盈余形成的资金；而外部融资是指企业通过各种方式向企业之外的其他经济体筹集的资金。外部融资又可以依据资金的获取渠道划分，分为直接融资和间接融资两类。其中，直接融资是指资金供给者与需求者借助一定的金融工具，直接形成债权债务关系的融资行为；而间接融资是指资金供给方与需求方通过某种金融中介机构，分别与资金供求双方形成债权债务关系的融资行为。另外，外部融资又可以依据资金来源的性质划分，分为权益融资和负债融资。其中，权益融资是指由企业股东所提供的资金，主要指发行股票，而负债融资是指由企业的债权人所提供的资金，主要包括银行借款、商业信用和债券融资等。

表4-5给出了2001~2014年我国非金融类上市公司各类融资方式融资存量的占比情况。可以看出，我国上市公司近年来外部融资占总融资额的比重一直大于内部融资占比，特别是内源融资所占比率与西方发达国家相比普遍偏低。主要原因在于我国企业与西方发达国家相比，自我积累能力较差，内源融资能力受到极大的限制。同时也应该看到，随着时间的变化，我国上市公司的内部融资占比呈现出逐步增长的趋势，进而反映出我国上市公司盈利能力的增强和内部资金的不断充实。而在外部融资方式中，呈现出负债融资占比逐年上升，而权益融资占比逐年下降的趋势。

第四章　宏观经济环境视角下我国企业投融资行为的制度背景与经验证据

表4-5　2001~2014年非金融类上市公司内外部融资结构　　单位:%

年份	内部融资占比	外部融资占比	负债融资占比	权益融资占比
2001	30.61	69.39	30.28	39.12
2002	32.50	67.50	31.68	35.82
2003	33.98	66.02	33.84	32.18
2004	30.38	69.62	38.76	30.86
2005	31.70	68.30	40.70	28.23
2006	31.31	68.69	41.58	27.11
2007	32.75	67.25	40.31	26.94
2008	33.11	66.89	42.74	24.14
2009	32.25	67.75	44.73	23.02
2010	32.71	67.29	44.95	22.34
2011	33.04	66.96	45.87	21.09
2012	33.27	66.73	46.92	19.81
2013	33.88	66.12	47.35	18.77
2014	36.88	63.12	48.05	25.06

资料来源：国泰安数据库。

（一）我国企业的外部融资方式选择

1. 银行的主导地位

从1990年和1991年深圳证券交易所和上海证券交易所分别设立至今，我国的股票市场已经历20多年的发展，成为我国企业融通资本的重要来源。目前，我国的融资环境仍然是以银行体系和间接融资为主，而我国资本市场的发展与西方发达国家相比仍处于不成熟的阶段。截止到2014年，在社会融资总额中贷款方式所占的比重高达59.59%，而企业发行债券和股票所占的比重仅为17.16%。从我国社会融资规模与构成的数据中也可以看出，银行在我国的融资市场中依然处于主导地位。另外，我国经济的发展经历了从计划经济向市场经济转型的漫长时期，股票市场的发展起步较晚，导致很长一段时期内我国企业无法通过股票市场取得外部资金，即使在我国的股票市场开放之后，由于较高的门槛设定，许多企业依然达不到发行股票或者债券的要求。

我国的大部分银行从产权性质看均属于国有控股，特别是四大国有银行仍牢牢占据银行业的主导地位。我国的国有控股银行同时兼具调节经济的政府职能和实现利润的经济职能，并受到国务院和中国银行业监督管理委员会的领导与监管。由于我国政府的过度干预，事实上我国国有控股银行的经营目标并不十分明确。加之国有控股银行和国有企业之间的债权债务关系实际上属于同一所有者之间的内部借贷关系，形成了国有企业特殊的"预算软约束"现象，也造成我国国有企业与非国有企业之间的信贷歧视现象。

另外，从银行贷款行为的期限偏好来看，由于目前我国银行并不能直接持有上市公司的股份，基于信息不对称和风险防范的考虑，银行对企业的大规模信贷仍具有较大风险，因此更倾向于为企业提供短期的信贷资本。

2. 股票市场的发展现状

我国股票市场虽然起步较晚，但发展迅速。从成立之初的年度融资额仅为5亿元，到目前（截止到2014年）的7087.44亿元，已经达到相当的规模。但值得一提的是，我国的股票市场在快速发展的同时，依然存在一些有别于西方成熟市场的特征，影响企业的融资行为。

我国股票市场的非有效状态是其与西方成熟市场的最大差别。我国股票市场的交易制度中不存在卖空机制，即只有股价上涨的情况下投资者才有收益，导致股价在牛市阶段的严重泡沫。加之相应法律制度的完善程度有限，内幕交易严重，股价被操纵现象频发，都影响着股票市场的整体效率。另外，我国股票市场较高的股票成交额中短线操作占据市场的主流，由于中短期的股价由供求关系决定，而长期中股价由其内在价值决定，我国股票市场中的股价主要由股票和资金的供求关系决定，无法反映上市公司的真实价值，这进一步说明了我国股票市场的非有效状态。

第四章　宏观经济环境视角下我国企业投融资行为的制度背景与经验证据

另外，从我国股票市场建成之初就一直存在的流通股可在市场自由流通，而非流通股（国家股、法人股）只能协议转让的特殊"股权分置"制度，造成非流通股股东和流通股股东之间的利益不平衡，影响股票市场的整体流通性。直到 2005 年我国政府正式启动股权分置改革，这一现象才开始逐步改善。而我国股票市场一直推行的严格核准制，也与西方成熟市场所推行的注册制存在较大差异。虽然这一严格的股票发行管制制度有助于市场的稳定发展，但也直接造成我国企业进入股票市场的门槛普遍较高。

3. 债券市场发展的滞后

债券融资在我国虽起步较早，但发展严重滞后。早在 1981 年我国就已经开始发行国债，1984 年开始发行企业债券，但发展至今我国债券市场依然与西方成熟市场之间存在较大差距。

目前我国债券市场的最突出问题是债券品种结构的不合理，主要表现为企业债券所占比重过小，而国债、金融债券比重过大。也就是说，政府在债券市场中占据主导地位，从而对企业债券的发行产生"挤出效应"。2014 年，在我国的债券市场中企业债券仅占整个债券市场份额的 5.86%，而国债与各类金融债券占比份额最大，超过整个债券市场份额的 50%。我国债券市场的总体规模仍较小，与我国的股票市场相比，仅相当于股票市场规模的 30%，远低于西方成熟市场的规模水平。另外，债券市场上投资者同质化现象也是我国债券市场发展的突出问题，由于我国债券市场中占据主体地位的是国债和金融债券，银行系统投资者在债券市场投资者中所占的比例较高，而企业和个人投资者参与债券投资的比例则较低。同时，信用中介机构的缺失和信用评价体系建设的滞后，也加剧了投资者投资债券市场的风险。

（二）我国企业的负债融资特征

1. 负债融资的时间变化趋势

20 世纪 90 年代初我国股票市场的建立和上市公司的出现，大大拓宽

宏观经济环境、负债融资和企业投资行为

了我国企业的融资渠道,从以往的财政拨款和银行贷款为主,发展到如今的银行信贷、债券融资和股权融资等多种融资方式并存。伴随着我国企业融资方式的多样化发展趋势,我国上市公司的资产负债率也发生了相应的变化。

从图4-9可以看出,从20世纪90年代初到2001年之前,我国上市公司的资产负债率一直处于较低水平,主要原因在于这一时期我国的股票市场处于建成初期,股权融资成本与债权融资成本相比相对较低,我国上市公司具有较强的股权融资偏好。而2001年之后,随着我国资本市场的逐步完善与发展,股权融资成本恢复正常水平,我国上市公司的股权融资偏好逐步消减,加之我国股票市场2001年之后所经历的漫长低谷期,导致我国的上市公司在融资渠道的选择中由股权融资偏好转变为对债权融资渠道的依赖,进而导致我国上市企业在2001年后的资产负债率呈现出整体上升的趋势。

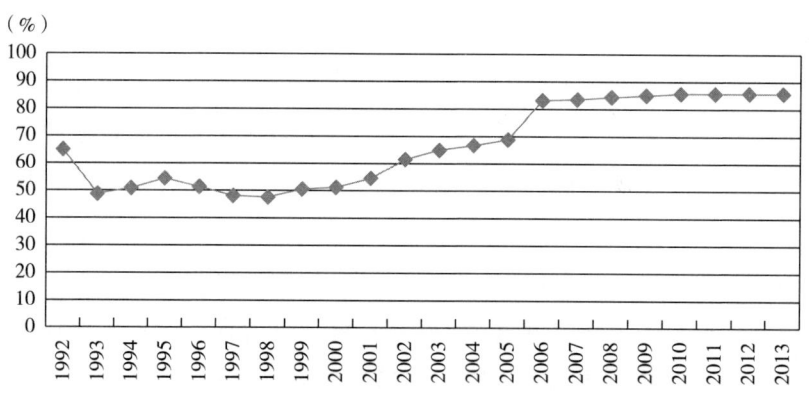

图4-9 1992~2013年我国上市公司资本负债率指标变化

资料来源:《中国证券期货统计年鉴》。

特别是2008年为应对美国次债危机,我国推出了大规模的刺激经济政策,由此进入了以高负债为主要特征的加杠杆周期。在此期间,我国非金融企业的杠杆率出现大幅的上升,据统计2008~2014年的增幅为

第四章 宏观经济环境视角下我国企业投融资行为的制度背景与经验证据

58.1%。截至 2015 年末，我国非金融企业平均负债率高达 115%，远高于发达国家，同时负债总额占 GDP 的比例为 144%，远高于国际警戒线。可见，近年来我国非金融企业中普遍存在严重的过度举债隐患。

2. 负债融资的内部结构特征

我国上市公司负债融资的具体途径与方式主要包括商业信用、银行借款以及债券融资，表 4-6 反映的是 2001~2014 年我国非金融类上市公司的负债融资结构情况。可以看出，银行借款在负债融资结构中所占的比重最大，也是我国上市公司最主要的债务融资方式。2008 年之前，银行借款所占比重一直处于上升趋势。受全球金融危机的影响，2008 年后银行借款占比的变动趋势开始下降。商业信用融资也是我国上市公司重要的融资方式之一，其在我国上市公司的负债融资中也占有较大比重，并呈现出逐步上升的趋势，这主要与我国上市公司负债融资近年来倾向于短期性融资有关。相对于占据统治地位的银行贷款与商业信用，债券融资在我国上市公司负债融资结构中所占比例甚低，近年来一直未超过 10%。造成我国债券融资比例与银行贷款、商业信用所占比例差异巨大的原因，一方面在于对我国的上市公司而言，银行借款的融资成本较低。我国的大多数上市公司中国有股占比较大，加之我国银行中国有银行的统治地位，国有上市公司和国有银行的天然联系导致国有企业在银行贷款途径中具有天然的优势。另一方面在于我国债券市场发展滞后，其发展深度与广度均不能与西方发达国家相比。西方发达国家的债券市场规模大、债券品种多样、流动性和可转换性较高，例如美国债券融资规模为股权融资规模的 10 倍多。但我国的债券市场规模有限，加之政策管制等因素，导致发行成本较高，企业缺乏发行债券的积极性，因此我国的上市公司极少采用发行债券的方式融资。

从负债融资的期限结构看，我国上市公司的负债融资主要采用短期融资的方式。表 4-6 的最后两列列示了 2001~2014 年我国上市公司负债融资的期限结构，可以看出，短期负债占比在考察期内均超过 80%，而长期负债占比则不到 20%。我国的上市公司之所以偏好于短期负债，主要原因在于我国上市公司的整体业绩欠佳，净现金流量不够充足，因此更倾向于期限较短的负债方式，同时短期负债融资所具有的速度快与成本低等特点，也是吸引我国上市公司采用短期负债的原因之一。短期负债在为我国上市公司提供短期资金融通便利的同时，也影响企业的价值和风险。一方面，短期负债与长期负债相比虽然成本较低，但风险更大，当外部经济环境变化，企业的短期还款能力将受到巨大影响，进而加剧企业的资金周转风险；另一方面，由于短期负债直接关系到企业流动资金的稳定性，往往造成企业经营目标的短期化，缺乏长远规划和远瞻性的弊端。

表4-6　2001～2014年我国上市公司负债融资结构　　单位：%

年份	商业信用比率	银行借款比率	债券融资比率	长期负债比率	短期负债比率
2001	30.58	69.00	0.42	13.22	86.78
2002	35.30	64.04	0.66	13.08	86.92
2003	37.92	60.74	1.34	13.44	86.56
2004	38.43	59.67	1.90	13.51	86.49
2005	42.14	54.87	2.99	12.60	87.4
2006	44.96	51.92	3.12	12.86	87.14
2007	46.76	49.42	3.82	15.07	84.93
2008	44.83	50.13	5.04	15.02	84.98
2009	46.59	45.85	7.55	17.31	82.69
2010	47.76	44.39	7.84	12.94	87.06
2011	47.42	44.21	8.37	11.15	88.85
2012	46.90	43.30	9.80	12.52	87.48
2013	47.18	43.48	9.34	13.23	86.77
2014	40.16	37.77	22.06	13.12	86.88

资料来源：国泰安数据库。

3. 不同产权企业的负债融资差异

我国国有企业与国有银行所有者的一致性，造成国有企业与国有银行

第四章 宏观经济环境视角下我国企业投融资行为的制度背景与经验证据

的天然联系，导致国有企业在信贷资源上的绝对优势和针对非国有企业的信贷歧视现象。同时，由于我国各地区经济的不均衡发展，部分地区政府为发展地方经济不断加大干预力度，导致国有银行的部分信贷决策在政府的干预下进行。由于国有企业的规模优势，相对于非国有企业对地方经济发展的贡献往往更大，因此这种非市场化的信贷行为，加剧了银行对不同产权性质企业的贷款差别。

表4-7列出了2009~2013年我国不同产权性质企业所获得银行贷款的构成。尽管我国非国有企业在收入和税收方面的贡献并不比国有企业逊色，但在考察期内相对于国有控股企业，私人控股企业所获得银行贷款的所占比例甚低。从表4-7中可以看出，2009~2013年我国私人控股企业的银行贷款占比一直明显低于国有控股企业，这也印证了我国信贷歧视现象的真实存在。

表4-7 2009~2013年我国不同产权性质企业所获贷款比例   单位:%

年份 项目	2009	2010	2011	2012	2013
国有控股企业占比	55.40	52.07	48.82	70.54	69.61
集体控股企业占比	8.99	9.36	9.99	6.61	7.09
私人控股企业占比	26.23	29.99	33.50	16.08	17.44

资料来源：国家统计局。

4. 负债融资的地区差异

我国在市场化经济的发展过程中，不同地区之间的经济发展水平存在很大的差异。各个省、自治区和直辖市在经济生产、居民生活、金融业发展以及市场化程度等方面都存在较大差异。由于经济发展、历史和地理上的原因，我国逐渐形成东部、中部和西部的地域发展格局，进而导致我国东部地区、中部地区和西部地区在经济发展水平与制度环境状况等方面都存在明显的差异。

表4-8反映了2014年我国各省（市区）发展水平的总体情况，通过

宏观经济环境、负债融资和企业投资行为

对生产总值、固定资产投资、居民收入和消费以及市场化指数（源自樊纲等编制的《中国市场化指数——各地市场化相对进程报告》）等指标的对比可以发现，我国各省之间存在着较大的差异。具体而言，东部地区的大多数指标都明显好于其他地区，中部地区次之，西部地区最差。

表4-8 2014年我国各省（市、区）发展水平与企业资产负债率对比

地区	地区生产总值（亿元）	全社会固定资产投资（亿元）	居民人均可支配收入（元）	居民消费水平（元）	地区市场化指数	规模以上工业企业平均资产负债率（%）
北京市	21330.83	6924.23	44488.57	36057	9.08	51.07
天津市	15726.93	10518.19	28832.29	28492	9.17	61.72
河北省	29421.15	26671.92	16647.40	12171.00	6.19	56.80
辽宁省	12761.49	12354.53	16538.32	12622.00	7.00	73.64
上海市	23567.70	6016.43	45965.83	43007.00	9.78	50.29
江苏省	65088.32	41938.62	27172.77	28316.00	9.63	54.92
浙江省	40173.03	24262.77	32657.57	26885.00	9.78	58.78
福建省	24055.76	18177.86	23330.85	19099.00	8.07	54.37
山东省	59426.59	42495.55	20864.21	19184.00	7.93	54.48
广东省	67809.85	26293.93	25684.96	24582.00	9.35	58.42
海南省	3500.72	3112.23	17476.46	12915.00	5.94	53.92
东部地带	**32987.49**	**19887.84**	**27241.75**	**23939.09**	**8.36**	**57.13**
山西省	17770.19	17591.83	20559.34	19827.00	5.27	63.69
吉林省	13803.14	11339.62	17520.39	13663.00	6.42	54.73
黑龙江省	15039.38	9828.99	17404.39	15215.00	6.22	56.96
安徽省	20848.75	21875.58	16795.52	12944.00	7.46	57.99
江西省	15714.63	15079.26	16734.17	12000.00	6.79	52.32
河南省	34938.24	30782.17	15695.18	13078.00	7.00	46.93
湖北省	27379.22	22915.30	18283.23	15762.00	7.28	55.23
湖南省	27037.32	21242.92	17621.74	14384.00	6.79	53.07
中部地带	**21566.36**	**18831.96**	**17576.75**	**14609.13**	**6.66**	**55.12**

第四章 宏观经济环境视角下我国企业投融资行为的制度背景与经验证据

续表

地区	地区生产总值（亿元）	全社会固定资产投资（亿元）	居民人均可支配收入（元）	居民消费水平（元）	地区市场化指数	规模以上工业企业平均资产负债率（%）
内蒙古自治区	28626.58	24730.80	22820.15	22260.00	5.10	58.02
广西壮族自治区	15672.89	13843.22	15557.08	12944.00	6.51	62.36
重庆市	14262.60	12285.42	18351.90	17262	7.78	62.36
四川省	28536.66	23318.57	15749.01	13755.00	6.62	61.04
贵州省	9266.39	9025.75	12371.06	11362.00	4.85	63.68
云南省	12814.59	11498.53	13772.21	12235.00	4.94	62.96
西藏自治区	920.83	1069.23	10730.22	7205.00	0.62	39.96
陕西省	17689.94	17191.92	15836.75	14812	6.36	57.08
甘肃省	6836.82	7884.13	12184.71	10678.00	4.04	63.49
青海省	2303.32	2861.23	14373.98	13534.00	2.53	68.17
宁夏回族自治区	2752.10	3173.79	15906.78	15193.00	5.26	67.04
新疆维吾尔自治区	9273.46	9447.74	15096.62	12435.00	3.49	62.98
西部地带	12413.02	11360.86	15229.21	13639.58	4.84	60.76

资料来源：国家统计局。

表4-8中的最后一列列示了2014年我国各省间非金融类上市公司资产负债率的对比结果。可以看出，不同省份之间上市公司的资产负债率水平也存在较大差异。同时，从地区比较的总体结果来看，东部地区和中部地区企业的资产负债率明显低于西部地区。这一对比结果与各地区的经济发展水平对比结果基本一致，说明在北京、上海、广东、浙江等经济发展水平较高、制度环境较好的地区，发达的金融市场使得这一区域的上市公司可选择的融资渠道较多，企业对传统银行贷款融资的需求降低，进而导致企业资产负债率的平均水平相对较低，而对经济发展水平较低，制度环境较差的宁夏、新疆、甘肃、青海等地区，滞后的金融市场限制了这一区域内上市公司的外部融资途径，进而导致企业对银行贷款融资方式的依赖。由此可以看出，地区制度环境的完善与提高，可以拓宽当地企业的融

资渠道，推动当地企业资本结构的优化，进而对当地企业的负债融资行为产生显著的影响。

五、本章小结

本章结合我国经济转轨时期的特殊背景，重点分析我国宏观经济环境的历史演进以及我国企业投融资行为的制度背景与经验证据。首先，对我国宏观经济环境的变迁进行概述，主要针对经济周期、货币政策、财政政策、信贷市场和股票市场等宏观经济环境因素的演进进行回顾，并重点对实证分析中样本所包括的 2001~2015 年的情况进行阐述。其次，结合我国经济转轨时期的特殊背景，依据制度背景变迁的分析逻辑，论述我国企业投融资行为的运行机制，说明我国企业投融资行为所面临的制度背景与西方发达国家之间所存在的巨大差异，并指出这一差异导致国外关于宏观经济环境与企业投融资行为相关关系的研究结论并不一定适用于我国，从而为关于宏观经济环境对我国企业投融资行为影响的进一步分析提供一定的制度背景铺垫。最后，结合我国的制度背景对我国企业投资行为和负债融资行为的现状和特征进行描述与考察，利用经验证据深入分析我国企业的投资行为与负债融资。

第五章
宏观经济环境影响我国企业投资行为的实证研究

基于第三章的基本理论分析和第四章的制度背景分析，本章采用实证检验的方法考察宏观经济环境对我国企业投资行为的影响，并在随后两章中继续采用实证分析的方法，研究宏观经济环境对我国企业负债融资的影响以及宏观经济环境对负债融资与我国企业投资行为关系的调节作用。本章和第六章主要说明宏观经济环境对我国企业的投资行为和负债融资所产生的具体影响，进而证明宏观经济环境是影响我国企业投融资行为的重要因素，也为第七章深入分析宏观经济环境、负债融资和企业投资效率三者之间的关系打下一定的基础。

一、问题提出

改革开放以来，我国的经济一直处于高速增长水平，综合国力和国际影响力得到提升迅速，逐步形成具有中国特色的开放型经济发展模式。在开放型经济发展模式下，投资的高速增长特征十分明显，同时投资增长也成为驱动我国经济增长的最重要因素。据统计，1978~2011年，我国以年均9.8%的GDP增长率成为全球经济增长率最高的国家。与之相应的是，

1978~2011年我国的投资率从38.2%上升至48.3%,而世界平均的投资率水平仅为20%左右,但与之极不相应的是,我国投资规模的扩张并没有带来投资效率的显著提高(王玉华和赵平,2013)。增量资本产出率是衡量一国投资效率的重要指标,据统计我国的增量资本产出率仅在20世纪90年代出现过小幅上升,之后都没有出现过显著提高(王玉华和赵平,2013)。长期以来,我国依赖的开放型经济发展模式以大规模投资和大量能源消耗为支撑,不仅导致我国经济增长的质量和持续发展令人担忧,同时还容易导致投资的结构性失衡,引发局部性经济过热。随之而来的政府宏观微调,由于企业的逆向选择往往收效甚微,而带有行政色彩的严厉调控,有可能造成"一刀切"的政策效果。针对这一问题,从2012年起,我国的经济增长模式开始逐步向集约型转变,经济增长速度明显放缓,经济结构调整幅度增大,特别是2015年我国政府做出经济"新常态"的重要判断。在"新常态"背景下单纯的投资规模扩张对经济增长的拉动已日趋乏力,而投资效率的提高成为我国经济增长模式转变过程中亟待解决的重要问题。因此,近年来企业投资效率的研究吸引越来越多国内学者的关注。

有关企业投资行为的研究,早期主要关注企业内部环境的影响,主要集中于委托代理问题、信息不对称、现金持有量、管理层特征等因素展开,并取得了显著成果。随着研究的深入,有学者意识到,企业的投资不仅受企业内部治理环境的影响,外部经济环境因素也对其产生重要影响。现实中任何一个企业的投资决策都处于特定的宏观经济环境中,宏观经济环境总会在一定程度上影响企业的投资行为(姜国华和饶品贵,2011)。La Porta(1999)、Harford(2003)、Ahmed 和 Miller(2000)、Bergman(2007)、Dickinson 和 Liu(2007)等选取一系列宏观经济环境因素(如经济周期、经济政策、法律体系、金融环境等)作为外生的冲击,实证检验宏观经济环境对不同国家企业投资行为的影响,结果都表明来自宏观经济环境的外生冲击是影响企业投资行为的重要因素。

改革开放以后,由计划经济向市场经济的转型使得我国的宏观经济环

第五章 宏观经济环境影响我国企业投资行为的实证研究

境发生巨大的改变，但与西方成熟的市场体制相比，我国企业所面临的宏观经济环境仍与西方学者所研究的宏观经济环境存在巨大差异（于蔚等，2012）。这一差异体现在我国企业的投资行为上，主要表现为金融市场完善性的欠缺限制了企业融资渠道的选择，经济政策的频繁变动和仍具有的计划性特征，以及经济环境不确定性的日益增强，而这些差异也导致我国企业的投资行为更易受宏观经济环境因素的冲击（陈国权和徐碧波，2005）。另外，我国存在的特色"产权性质"问题，即相对于非国有企业，国有企业在信贷配给、预算软约束、投资机会获取等诸多方面拥有更多优势，导致宏观经济环境对不同产权性质企业的影响存在巨大差异，因此国外关于宏观经济环境对企业投资行为影响的研究结论并不一定适用于我国。基于此，本章结合我国的制度背景探讨宏观经济环境对企业投资规模与投资效率的影响，并考虑在产权性质不同的企业中这种影响存在的差异，就具有非常重要的现实意义。

本章以2001~2015年我国非金融类上市公司的年度数据为样本，实证研究宏观经济环境对我国企业投资规模与投资效率的具体影响。本章的研究意义主要体现在：第一，结合我国特殊的制度背景通过理论和实证分析阐述宏观经济环境对企业投资规模与投资效率所产生的具体影响，为深入理解宏观经济环境波动作用于企业投资规模与投资效率所产生的不同微观经济后果提供重要的经验证据；第二，考虑产权性质差异，揭示宏观经济环境对国有企业与非国有企业投资规模与投资效率影响的差异化，拓宽关于宏观经济环境对企业投资行为影响在约束条件方面的相关研究，进一步丰富宏观经济环境影响企业投资行为的研究内容；第三，考虑到我国制度背景与西方发达国家的不同，深入研究宏观经济环境中各个因素对我国企业投资行为影响的特殊之处，为政府在经济增长模式转变的"新常态"背景下调控宏观经济因素以提高企业投资效率的政策有效性提供一定的决策依据。

二、理论分析和研究假设

（一）经济周期与企业投资

在完美市场假设下，企业的投资规模仅与投资机会有关，同时考虑企业的投资原则，只要满足期望投资收益率大于资本成本就会利用该投资机会。由于企业的期望投资收益率会受经济周期的影响，所以经济周期通过投资机会影响企业的投资规模。具体而言，市场供需理论认为当经济周期处于上行阶段时，消费者的收入增加，社会总需求随之增长，企业的期望投资收益率上升，投资机会大大增加，加之管理者对市场前景的预期更为乐观，企业往往会在此时做出扩大投资的决策，因此与经济周期下行阶段相比，经济周期上行阶段更有利于企业投资规模的扩大（陈艳，2012；马红和王元月，2016）。

现实中，完美市场的假设往往难以满足，企业的投资行为会受诸多摩擦因素的影响，导致实际投资规模与最优投资规模发生偏离，即出现非效率投资。经济周期波动会导致资本成本的变化，进而影响企业投资是否能够得到充足的资金支持。我国的金融市场发展相对滞后，企业外部融资渠道单一，融资约束现象在我国企业中普遍存在。经济周期下行阶段，信贷资本收缩，资本成本上升，融资约束现象更为严重，也就更容易导致企业非效率投资行为的出现。具体而言，经济周期下行时受融资能力所限，大批非国有企业被迫放弃原本拥有的优质投资机会，进而出现投资不足；对部分低投资机会的国有企业而言，即使在经济周期的下行阶段，凭借其拥有的资源禀赋优势依然可以保持较强的融资能力，进而出现过度投资（陈艳，2013；马红和王元月，2016）。基于以上分析，我们提出以下假设。

H1a：相对于经济周期下行阶段，经济周期上行阶段更有利于我国企业投资规模的扩张。

H1b：相对于经济周期下行阶段，经济周期上行阶段更有利于提高企业的投资效率。

（二）货币政策与企业投资

多数学者都选择从货币渠道与信贷渠道两方面解释货币政策影响企业投资行为的微观传导途径（Bernanke & Genler，1995）。货币渠道通过投资机会直接影响企业的投资规模，具体而言，一方面，扩张性货币政策下，货币供给总量增加，市场利率、资本成本相应下降，从而增加了企业的投资机会，扩大了企业的投资规模；另一方面，扩张性货币政策下，股价普遍上升，基于托宾 Q 理论，此时企业的重置成本相对于市场价值趋于下降，企业更偏好于弃旧置新，扩大其投资规模（刘康兵等，2007）。而信贷渠道通过资本供给间接影响企业的投资规模，扩张性货币政策不仅可以增加信贷市场上的资金供给，降低信贷成本，而且在金融加速器的作用下，可以通过改善企业的资产负债表状况，提高企业的资产净值，增强企业的资产担保能力，进而促进企业投资规模的扩大。

从上文的分析可以看出，货币政策对企业的投资规模具有显著的正面影响，但对投资效率不一定具有同样的影响。在紧缩性货币政策下，受货币供应量下降的影响，银行等金融机构的贷款供给出现明显缩减，企业获得信贷资本的难度加大、成本提高。一方面，面对有限的资金，企业会通过合理的财务规划保持一定的融资能力，同时更加慎重地选择投资机会，从而有利于投资效率的提高（Lyandres，2007）；另一方面，银行等金融机构基于企业经营风险趋于增加的考虑，会加强对授信企业的监督管理，从而降低了企业非效率投资行为的发生。基于以上分析，我们提出以下假设。

H2a：扩张性货币政策能够显著促进我国企业投资规模的扩大；反之亦然。

H2b：相对于扩张性货币政策，紧缩性货币政策更有利于提高企业的投资效率。

(三) 财政政策与企业投资

政府投资对私人投资的影响主要包括两种：一是刺激私人投资，产生"带动效应"；二是抑制私人投资，产生"挤出效应"（刘扭霞，2009）。因此，财政政策对企业投资规模所产生的影响会因为"带动效应"和"挤出效应"的大小而有所不同。具体到我国而言，从"带动效应"来看，我国的政府投资偏向于产业链较长的项目，时间跨度大，波及范围广，对私人投资所产生的刺激作用会更为明显（刘扭霞，2009）；从"挤出效应"来看，我国的政府投资并没有限制私人投资的领域，同时我国的利率并非完全市场化，财政政策扩张所引起的利率上升幅度有限，加之货币政策的反向调节有效缓解了利率的上升，从而控制了私人投资成本的上升，削弱了财政政策的"挤出效应"。因此，我们认为我国的财政政策对企业投资规模的刺激作用会更为显著。

关于财政政策对我国企业投资效率的影响，还要考虑我国特殊的财政分权制度背景。方红生和张军（2009）的研究指出，财政分权的治理模式和缺乏良好的制度约束，导致我国的财政政策是一种在经济周期下行期比上升期更为积极的"扩张偏向型财政政策"。经济周期下行时，地方官员基于"晋升锦标赛"压力加大财政支出的扩张，同时迫于地方经济增长压力加大对国有企业的干预力度，国有企业往往被迫扩大投资，导致非效率投资的出现；反之，对于没有政治关联的非国有企业而言，并没有在财政扩张中得到更多的投资机会（陈工和陈明利，2016）。基于以上分析，我们提出以下假设。

H3a：扩张性财政政策能够显著促进我国企业投资规模的扩大；反之亦然。

H3b：相对于扩张性财政政策，紧缩性财政政策更有利于提高企业的投资效率。

(四) 信贷市场与企业投资

早在1996年，Rajan和Zingales的研究就指出信贷资本为企业提供了更为充足的资金，减轻了企业在投资中所面临的融资约束，同时也降低了企业的投资成本，提高了资本的整体配置效率。具体到我国而言，金融市场制度欠完善、再融资门槛较高等问题，导致我国大部分上市企业的外部融资渠道单一，面临不同程度的融资约束问题，加之我国的金融市场依然以银行为主导，造成我国企业的外部融资更多地依赖于信贷资本（陈浪南和柳阳，2014）。因此与其他国家相比，信贷市场的扩张对我国企业投资的资金供给效应可能会更为显著。

国外的研究一般认为，信贷市场的扩张通过缓解企业的融资约束提高企业的投资效率，但该结论的前提基于企业所受到的融资约束是一种硬约束，而预算软约束的特殊背景决定这一结论并不适用于我国。我国地方政府出于政绩考核的压力，往往会干预国有银行对国有企业的资金供给，导致国有企业的严重预算软约束现象。在信贷市场扩张时期，信贷资源依然会更加偏好于国有企业，进而造成国有企业越过度投资、越容易获得贷款的非正常现象；对非国有企业而言，信贷市场的扩张，并没有让它们获得更多的信贷资金，其投资不足现象也没有得到应有的改善（张超等，2015）。另外，从信贷市场的监督和治理功能来看，相对于信贷市场紧缩时期，银行等金融机构对授信企业的监管力度会趋于下降，也助长了企业的非效率投资行为。基于以上分析，我们提出以下假设。

H4a：信贷市场的扩张能够显著促进我国企业投资规模的扩大。

H4b：相对于信贷市场扩张时期，信贷市场紧缩时期更有利于提高企业的投资效率。

（五）股票市场与企业投资

资本市场完全有效时，企业的投资行为与股票市场波动无关，但现实中资本市场并非完全有效，股票市场发展就可能影响企业的投资行为。股票市场对企业投资规模所产生的影响被称为股票市场的投资效应，主要包括两种传导机制：一种是基于托宾 Q 理论，股票市场的繁荣带来企业股票价格的上扬，企业的 Q 值相应上升，投资者对企业前景的未来预期趋于乐观，进而带动企业扩大投资规模；另一种是基于非对称信息理论，股票价格的上涨给投资者传递企业资信状况优良的信号，导致投资者对企业未来前景的预期趋于乐观，提高了企业从股票市场融资的能力，进而导致企业投资规模的扩张（王奇，2016）。

基于以上分析可以看出，股票市场发展对企业的投资规模具有显著的促进作用，但对于投资效率又有什么影响呢？一方面，融资约束在我国企业中普遍存在，严重阻碍了企业投资效率的提高。随着股票市场规模的扩大、股市准入门槛的降低，企业从股市获得融资的规模增加、成本降低，有效缓解了企业因融资渠道单一所导致的投资不足现象。另一方面，股票市场的繁荣推动了资本形成机制的完善，加速了民间储蓄向长期资本的转化，引导资金向具有发展潜力企业的聚集，并抑制资金向过度投资企业的流动，进而推动资本的市场化合理流动，提高了资金的整体配置效率。另外，考虑代理成本的影响，股票市场发展中的管理者持股现象，优化了管理层的薪酬契约并强化了外部投资者的监督力度，降低了管理层在投资决策中的自利行为，因此有利于企业投资效率的提高（高敬忠等，2011）。基于以上分析，我们提出以下假设。

H5a：股票市场的发展能够显著促进我国企业投资规模的扩大。

H5b：股票市场的发展有利于提高企业的投资效率。

三、研究设计

（一）研究样本选取

本书选取沪深两市 A 股上市公司 2001～2015 年共计 15 年的数据为研究样本。我们遵循以下标准对样本进行筛选：①在选取样本企业时剔除

ST、PT 股票,因为这类股票已体现出企业财务状况的异常现象,即无效率经营;②剔除变量的异常值与缺失值;③按照研究惯例删除金融类公司。最终选取在考察期内符合条件并一直存续的样本数为 524 家。我们所使用的财务数据主要来自于 CCER 和 CSMAR 数据库,市场数据来自于国家统计局网站和 2001~2015 年的统计年鉴。另外,考虑到异常值对研究结果稳健性的影响,我们选择对公司层面的连续变量进行上下 1% 的 Winsorize 处理。

(二) 模型构建与变量测度

为研究宏观经济环境对企业投资规模的影响,构建计量模型 (5-1)。

$$INV_{i,t} = \beta_0 + \beta_1 Q_{i,t-1} + \beta_2 Size_{i,t-1} + \beta_3 Cash_{i,t-1} + \beta_4 Lev_{i,t-1} + \beta_5 Age_{i,t-1} + \beta_6 GDP_t + \beta_7 MON_t + \beta_8 FE_t + \beta_9 LOAD_t + \beta_{10} DEFAULT_t + \beta_{11} STOCK_t + \beta_{12} SR_t + Industry + \varepsilon_{i,t} \quad (5-1)$$

模型 (5-1) 中的被解释变量 INV 表示企业投资规模,我们借鉴连玉君和程建 (2007) 的研究方法,用购建固定资产、无形资产和其他长期资产支付的现金表示企业的初始投资规模,并利用总资产对其进行标准化处理。

模型 (5-1) 中的宏观经济环境解释变量包括经济周期、货币政策、财政政策、信贷市场与股票市场,为避免出现解释变量之间的共线性问题,我们在指标设置中尽量剔除可能的相互影响。经济周期变量 (GDP),选用常见指标 GDP 增长率衡量。货币政策 (MON),借鉴 Anil 等 (1991) 的做法,选择实际货币供应量指标衡量,即增长率减去 GDP 增长率,再减去居民消费物价指数增长率后所得的差。财政政策 (FE) 一般包括税收和财政支出两方面,由于本书考察期内我国税法规定的公司所得税率基本未发生变化 (或者变化幅度太小),因此借鉴雒敏和聂文忠 (2012) 的做法,选择财政支出增长率指标作为我国财政政策的代理变量。对信贷市场,从信贷资本总量和信贷违约风险两方面进行刻画。对于信贷资本总量 ($LOAD$),由于我国一直实行利率管制政策,利率指标不能反映企业真实的信贷成本，同时我国信贷市场中的资本总额受到中央银行的严格控制，各种金融机构的贷款总量指标更能反映在我国特殊的信贷配给制度下企业的真实信贷成本，因此我们借鉴胡国柳和姜岩磊（2014）的研究，以我国信贷资本总量的自然对数表示信贷资本总量指标；对于信贷违约风险（DEFAULT），国外学者往往选择使用 BBB 级与 AAA 级债券之间的利差指标，但我国的债券市场化程度较低，因此我们借鉴苏冬蔚和曾海舰（2009）的做法，选取我国银行的整体不良贷款率表示信贷市场的风险。对于股票市场，从股票市场总市值和股票市场收益率波动两方面进行刻画。对于股票市场总市值（STOCK），我们借鉴刘思佳（2010）等的研究，采用上海与深圳证券市场股票总市值代表股票市场的总量情况，并用 GDP 对该指标进行标准化处理；对于股票市场收益率波动（SR），借鉴周业安和宋翔（2010）等的研究，用我国股票市场月收益率的标准差表示股票市场的波动性，代表股票市场的风险程度。

模型（5-1）中的控制变量，参考前人关于企业投资规模的研究，选取企业规模（Size）、企业现金持有量（Cash）、资本结构（Lev）、企业投资机会（Q）和企业年龄（Age）的滞后一期变量作为控制变量。具体而言，企业规模指标用总资产的对数表示；企业现金持有量用现金与短期投资之和与总资产的比值表示；企业投资机会用托宾 Q 值表示；资本结构用资产负债率表示；企业年龄用企业上市以来的年限表示。考虑到不同的行业具有不同的经营特点，行业因素也会影响企业投资，我们还设置了表示行业差异的虚拟变量（Industry）。另外，在模型（5-1）中，i、t 分别表示企业与年代，$\varepsilon_{i,t}$ 为随机扰动项。

为研究宏观经济环境对企业投资效率的影响，构建计量模型（5-2）。

$$EFF_{i,t} = \beta_0 + \beta_1 Sale_{i,t-1} + \beta_2 Share1_{i,t-1} + \beta_3 ROA_{i,t-1} + \beta_4 GDP_t + \beta_5 MON_t + \beta_6 FE_t + \beta_7 LOAD_t + \beta_8 DEFAULT_t + \beta_9 STOCK_t + \beta_{10} SR_t + Industry + \varepsilon_{i,t} \quad (5-2)$$

模型（5-2）中的被解释变量投资效率（EFF），我们借鉴 Scott（2006）等的研究方法，分两步测度企业的投资效率。第一步，利用 Scott 的资本投资支出模型来估计企业最优的投资支出规模；第二步，用企业的

第五章　宏观经济环境影响我国企业投资行为的实证研究

实际投资支出减去模型估计的最优投资支出,所得差额的绝对值表示企业偏离最优投资的程度,也就是企业的投资效率(EFF)。一般认为该值越大表示企业的投资效率越低,即该投资效率指标为反向指标。模型(5-2)中的控制变量,我们参考前人关于投资效率的研究,选择与投资效率相关的企业自身特征变量,包括销售规模($Sale$)、第一大股东持股比例($Share1$)、资产收益率(ROA)。另外,模型(5-2)中其他变量的解释与上文一致。

四、实证检验结果

(一) 描述性统计

表5-1报告了公司层面主要变量的描述性统计。可以看出,企业投资规模(INV)的最小值和最大值分别为0.0000和0.6022,企业投资效率(EFF)的最小值和最大值分别为0.0000和0.5327,说明样本企业的投资规模与投资效率都存在较大差异,这为本书的研究创造了较好的条件。

表5-1　公司层面变量的描述性分析

变量	均值	方差	最小值	最大值
INV	0.0488	0.0558	0.0000	0.6022
EFF	0.0292	0.0354	0.0001	0.5327
Q	2.4262	5.7817	0.0000	393.0135
$Size$	21.7174	1.3623	14.1082	29.2493
$Cash$	0.1587	0.1229	0.0000	1.0000

续表

变量	均值	方差	最小值	最大值
Lev	0.5614	0.7918	-0.1947	55.4086
Age	11.55344	4.9324	1.0000	25.0000
Sale	20.7838	2.2838	0	26.1282
Share1	0.6622	0.4730	0	1
ROA	0.0282	0.1413	-1.6806	7.1089

表5-2报告了宏观经济环境因素的描述性统计。可以看出，2001~2015年我国宏观经济环境的各个因素也存在较大差距。其中，经济周期的最大值为0.1420，最小值为0.0690，相差2倍多；宏观经济政策中的货币与财政政策的最大值分别为0.1996和0.2570，而最小值仅为-0.0230和0.0830，差距较大；信贷市场的信贷资本总量指标和信贷违约风险指标的最大值分别为0.3174和0.2980，而最小值仅为0.0977和0.0095，相差分别为3倍和31倍之多；股票市场的股票市场总市值指标和股票市场收益率波动指标的最大值分别为1.2206和1.3300，而最小值仅为0.1745和0.6455，相差分别为7倍和2倍之多。这一结果表明在不同时期我国的宏观经济环境存在着较大差异，同时也说明在考察期内我国宏观经济环境的较大变化可能对企业的投资行为产生更为显著的影响。

表5-2 宏观经济因素的描述性分析

变量	均值	方差	最小值	最大值
GDP	0.0962	0.0195	0.0690	0.1420
FE	0.1730	0.0466	0.0830	0.2570
MON	0.0462	0.0503	-0.0230	0.1996
LOAD	0.1669	0.0513	0.0977	0.3174
DEFAULT	0.0815	0.0944	0.0095	0.2980
STOCK	0.4909	0.2486	0.1745	1.2206
SR	0.1792	0.5332	0.6455	1.3300

（二）多重共线性检验

因为本书所设定的模型（5-1）和模型（5-2）中既包括公司层面的变量，也包括宏观层面的变量，我们分别针对公司层面和宏观层面变量之间的相关性进行检验，结果如表5-3和表5-4所示。从表5-3的检验结果可知，各公司层面变量之间的相关系数较低，不存在严重的多重共线性问题。另外，各控制变量均与企业投资规模或投资效率显著相关，说明本书在控制变量上的设置是有意义的。从表5-4的检验结果可知，各宏观层面变量之间的相关系数较低，不存在严重的多重共线性问题，初步证明了本书解释变量设置的合理性。

（三）假设检验结果

我们采用平衡面板数据进行回归分析，并依据Hausman检验的结果选择固定效应模型进行实证分析。

1. 宏观经济环境对企业投资规模的影响

表5-5中式（1）表示的是控制变量与企业投资规模的回归结果，与前人关于企业投资规模的相关实证研究结果基本一致。式（2）在式（1）的基础上引入作为解释变量的经济周期，回归结果显示其显著为正，说明我国企业的投资行为具有显著的顺周期特征，我们提出的H1a得到支持。式（3）在式（2）的基础上引入作为解释变量的货币政策，回归结果显示其显著为正，说明货币政策的扩张能够显著促进我国企业投资规模的扩大，我们提出的H2a得到支持。式（4）在式（3）的基础上引入作为解释变量的财政政策，回归结果显示其显著为正，说明财政政策的扩张能够显著促进我国企业投资规模的扩大，我们提出的H3a得到支持。式（5）在式（4）的基础上引入作为解释变量的信贷市场发展指标，回归结果显示信贷资本总量变量显著为正，而信贷违约风险变量显著为负，说明我国的信贷总量配置制度和信贷市场波动风险都能够显著影响企业的投资规模，即信贷市场的发展能够显著促进我国企业投资规模的扩大，我们提出

表 5-3 公司层面变量的相关系数

变量	INV	EFF	Q	Cash	Size	Lev	Age	Sale	Share1	ROA
INV	1									
EFF	0.6816***	1								
Q	-0.0033*	0.0454	1							
Cash	0.0144*	0.0068	0.0867***	1						
Size	0.0448***	-0.0770***	-0.1767***	-0.0127	1					
Lev	-0.0634***	-0.0145	0.7295***	-0.0382	-0.0740***	1				
Age	-0.1605***	-0.1613***	0.2847	0.0020	0.2847	0.0611	1			
Sale	0.1081***	-0.0516***	0.2981***	0.1091	0.2981***	-0.1095	0.1776	1		
Share1	0.0167	0.0181*	0.0654***	-0.0017	0.0654***	0.0254**	0.14852	-0.0027	1	
ROA	0.1153	-0.0516***	0.1030***	0.1918	0.1030***	-0.0770	0.0567	0.0824***	0.0095	1

注：* 表示通过10%显著性水平检验。** 表示通过5%显著性水平检验。*** 表示通过1%显著性水平检验。

第五章 宏观经济环境影响我国企业投资行为的实证研究

表5-4 宏观层面变量的相关系数

变量	GDP	MON	FE	LOAD	DEFAULT	STOCK	SR
GDP	1						
MON	0.5616**	1					
FE	0.3121	0.42263	1				
LOAD	-0.5550**	-0.4490***	-0.2064	1			
DEFAULT	-0.0898	0.1152	0.7636***	0.1243	1		
STOCK	0.4725*	0.1018	0.0408	-0.0987	0.2389	1	
SR	0.4625*	0.0315	0.2680	0.0739	0.3542	0.7434***	1

注：*表示通过10%显著性水平检验。**表示通过5%显著性水平检验。***表示通过1%显著性水平检验。

表5-5 宏观经济环境影响企业投资规模的面板估计结果

变量	$INV_{i,t}$					
	(1)	(2)	(3)	(4)	(5)	(6)
GDP_t		39.1823*** (4.65)	54.7920*** (5.01)	74.5073*** (3.34)	39.0632*** (3.24)	75.8652** (2.50)
MON_t			23.9771*** (4.77)	20.5309*** (3.33)	27.4249* (2.02)	14.4352* (1.99)
FE_t				12.3782** (2.02)	19.9743** (2.22)	26.6601*** (3.19)
$LOAD_t$					43.0131*** (3.06)	14.8159* (1.81)
$DEFAULT_t$					-27.7347** (-2.06)	-45.7876*** (-3.19)
$STOCK_t$						19.7862 (0.98)
SR_t						17.1538 (0.72)
$Q_{i,t-1}$	16.4955*** (6.7)	39.1823*** (3.17)	39.6523*** (3.44)	39.5347*** (3.45)	39.7787*** (4.13)	40.0566*** (4.69)

续表

变量	$INV_{i,t}$					
	(1)	(2)	(3)	(4)	(5)	(6)
$Size_{i,t-1}$	17.6605*** (4.27)	20.0978*** (6.18)	20.3206*** (6.19)	20.7317*** (6.19)	22.9868*** (6.62)	21.3949*** (6.51)
$Cash_{i,t-1}$	19.5074*** (7.32)	51.4072** (2.35)	55.1645*** (2.57)	56.4118*** (2.62)	66.0637*** (3.06)	59.8157*** (2.73)
$Lev_{i,t-1}$	-24.2481*** (5.0696)	-23.0070*** (-58.14)	-24.6125*** (-8.26)	-24.5959*** (8.26)	-24.5773*** (-8.89)	-24.8206*** (9.46)
$Age_{i,t-1}$	-19.4865*** (-2.229)	-15.5095** (-2.24)	-23.2245*** (-3.28)	-22.7652*** (-3.21)	-8.5986** (-2.12)	-11.1931*** (-3.37)
Industry	控制	控制	控制	控制	控制	控制
N	7336	7336	7336	7336	7336	7336
调整后 R^2	0.2664	0.3428	0.3443	0.3443	0.3422	0.3471
Hausman 检验	96.64 (0.0000)	792.77 (0.0000)	801.13 (0.0000)	800.33 (0.0000)	830.04 (0.0000)	866.86 (0.0000)

注：*表示通过10%显著性水平检验。**表示通过5%显著性水平检验。***表示通过1%显著性水平检验。

的 H4a 得到支持。式（6）在式（5）的基础上引入作为解释变量的股票市场发展指标，回归结果显示，股票市场总市值指标和股票市场收益率波动指标都没有通过显著性检验，说明股票市场的发展不能显著促进我国企业投资规模的扩大，我们提出的 H5a 未得到有效支持，可能的原因在于我国的股票市场发展相对滞后，企业依然具有较强的信贷融资偏好，导致股票市场发展对我国企业投资规模的影响较小。

为验证估计结果的稳定性，对被解释变量企业投资规模进行指标替代，用企业固定资产、在建工程和工程物资之和的年增长率表示企业的投资规模，进行稳定性检验，结果如表 5-6 所示。对比可知与原指标所得出的回归结果基本一致，前文所得出的实证结果具有普遍意义。

第五章 宏观经济环境影响我国企业投资行为的实证研究

表 5-6 宏观经济环境影响企业投资规模的稳定性检验结果

变量	$INV_{i,t}$					
	(1)	(2)	(3)	(4)	(5)	(6)
GDP_t		0.0608* (1.95)	0.0650* (1.70)	0.0802** (2.05)	0.0397* (1.87)	0.1665* (2.11)
MON_t			0.0557*** (9.48)	0.0548*** (9.29)	0.0551*** (9.35)	0.0044*** (5.00)
FE_t				0.0284* (1.83)	0.0105* (1.85)	0.0575*** (10.47)
$LOAD_t$					0.03540*** (29.93)	0.0517* (1.96)
$DEFAULT_t$					-0.0667* (-1.70)	-0.0028*** (-3.18)
$STOCK_t$						-0.0002 (-0.18)
SR_t						-0.0003 (-0.12)
$Q_{i,t-1}$	0.0008*** (5.39)	0.0008*** (5.55)	0.0008*** (5.95)	0.0008*** (5.83)	0.0008*** (5.73)	0.0006*** (4.12)
$Size_{i,t-1}$	0.0010* (1.12)	0.0011 (0.22)	0.0014 (1.53)	0.0013 (1.48)	0.0014 (1.56)	0.0092 (0.58)
$Cash_{i,t-1}$	0.0563*** (10.29)	0.0572*** (10.42)	0.00125 (0.94)	0.0100 (0.74)	0.0105 (0.56)	0.0324 (0.62)
$Lev_{i,t-1}$	-0.0068*** (-6.26)	-0.0070*** (-6.43)	-0.0076*** (-6.96)	-0.0075*** (-6.90)	-0.0075*** (-6.85)	-0.0066*** (-5.97)
$Age_{i,t-1}$	-0.0013*** (-7.67)	-0.0011** (-6.02)	-0.0011*** (-4.27)	-0.0011*** (-4.27)	-0.0018*** (-3.70)	-0.0008* (-1.96)
Industry	控制	控制	控制	控制	控制	控制
N	7336	7336	7336	7336	7336	7336
调整后 R^2	0.3117	0.3116	0.3296	0.3319	0.3273	0.2825
Hausman 检验	1500.32 (0.0000)	1502.06 (0.0000)	1235.28 (0.0000)	1229.09 (0.0000)	1229.54 (0.0000)	1560.58 (0.0000)

注：*表示通过10%显著性水平检验。**表示通过5%显著性水平检验。***表示通过1%显著性水平检验。

2. 宏观经济环境对企业投资效率的影响

表 5-7 中式（1）表示的是控制变量与企业投资效率的回归结果。与前人关于企业投资效率的相关实证研究结果基本一致，即销售规模较小、第一大股东持股比例较小或者总资产收益率较高的上市公司与销售规模较大、第一大股东持股比例较大或者总资产收益率较低的上市公司相比具有更高的投资效率。式（2）在式（1）的基础上引入宏观经济环境解释变量。式（2）的回归结果显示，经济周期变量显著为负，说明经济周期的上行更有利于促进企业投资效率的提高，我们提出的 H1b 得到支持；货币

表 5-7　宏观经济环境影响企业投资效率的面板估计结果

变量	$EFF_{i,t}$		$INV_{i,t}$	
	（1）	（2）	（3）	（4）
GDP_t / $Q_{i,t-1} \times GDP_t$		-0.0040 ** (-6.08)		1.8621 *** (8.19)
MON_t / $Q_{i,t-1} \times MON_t$		0.0357 *** (4.82)		-18.6509 *** (-2.11)
FE_t / $Q_{i,t-1} \times FE_t$		0.0017 (0.10)		-9.6199 (-1.31)
$LOAD_t$ / $Q_{i,t-1} \times LOAD_t$		0.0002 (0.74)		4.5542 (0.89)
$DEFAULT_t$ / $Q_{i,t-1} \times DEFAULT_t$		0.0034 * (1.94)		-4.7064 *** (-7.11)
$STOCK_t$ / $Q_{i,t-1} \times STOCK_t$		0.0002 (0.25)		3.4186 (1.33)
SR_t / $Q_{i,t-1} \times SR_t$		0.0002 (0.03)		-8.6508 ** (-2.11)
$Sale_{i,t-1}$	0.0072 *** (3.63)	0.1285 ** (1.97)		

续表

变量	$EFF_{i,t}$		$INV_{i,t}$	
	(1)	(2)	(3)	(4)
$Share1_{i,t-1}$	0.0158*** (5.83)	0.0174*** (6.41)		
$ROA_{i,t-1}$	-0.0011** (-1.98)	-0.0006 (-1.03)		
$Q_{i,t-1}$	0.0005* (1.91)	0.0004* (1.94)	0.0008*** (5.39)	5.1561*** (6.18)
$Size_{i,t-1}$	0.0444*** (23.52)	0.0455*** (20.19)	0.0010* (1.12)	0.6212*** (5.58)
$Cash_{i,t-1}$	-0.2126*** (-7.65)	-0.2157*** (-7.71)	0.0563*** (10.29)	-9.6199 (-1.31)
$Lev_{i,t-1}$			-0.0068*** (-6.26)	-1.6860*** (-7.11)
$Age_{i,t-1}$			-0.0013*** (-7.67)	5.3154*** (-5.64)
Industry	控制	控制	控制	控制
N	6812	6812	7336	7336
调整后 R^2	0.1139	0.1282	0.3117	0.3815
Hausman 检验	89.53 (0.0000)	25.12 (0.0088)	1500.32 (0.0000)	2233.26 (0.0000)

注：*表示通过10%显著性水平检验。**表示通过5%显著性水平检验。***表示通过1%显著性水平检验。

政策变量显著为正，这一结果表明与货币政策宽松时期相比，货币紧缩宽松时期更有利于提高企业的投资效率，我们提出的 H2b 得到有效支持；财政政策变量没有通过显著性检验，我们提出的 H3b 未得到有效支持，可能的原因在于，近年来我国政府直接利用财政政策干预经济运行的力度越来越小，同时也减少了对微观企业投资决策的干预；信贷资本总量变量未通过显著性检验，可能的原因在于信贷资本总量的扩张缓解了非国有企业的融资约束，有利于其投资效率的提高，加之近年来非国有企业在我国经济中所占比重的扩大、信贷歧视的改善，导致信贷资本总量扩张对企业投资效率影响的不确定性，而信贷违约风险变量显著为正，说明我国信贷市场的风险能够显著影响企业的投资效率，我们提出的 H4b 得到部分支持；股票市场总市值指标和股票市场收益率波动指标都没有通过显著性检验，我们提出的 H5b 未得到支持，可能的原因在于我国的股票市场发展相对滞后，股票市场融资对企业负债融资的替代效应并不明显，对企业投资效率的影响也并不显著。

为验证估计结果的稳定性，我们借鉴靳庆鲁等（2012）的研究方法，以模型（3）中 β_1 的大小表示投资对企业价值的敏感性，衡量企业的投资效率（该敏感性越强，企业的投资效率越大）。依次引入宏观经济环境变量与企业价值的交互项，结果如表 5-7 的式（3）~式（4）所示。结果表明，对前文的研究成果并没有产生显著影响，前文所得出的实证结果具有普遍意义。模型（5-3）的具体形式如下：

$$INV_{i,t} = \beta_0 + \beta_1 Q_{i,t-1} + \beta_2 Size_{i,t-1} + \beta_3 Cash_{i,t-1} + \beta_4 Lev_{i,t-1} + \beta_5 Age_{i,t-1} + \beta_6 Q_{i,t-1} \times GDP_t + \beta_7 Q_{i,t-1} \times MON_t + \beta_8 Q_{i,t-1} \times FE_t + \beta_9 Q_{i,t-1} \times LOAD_t + \beta_{10} Q_{i,t-1} \times DEFAULT_t + \beta_{11} Q_{i,t-1} \times STOCK_t + \beta_{12} Q_{i,t-1} \times SR_t + Industry + \varepsilon_{i,t}$$

(5-3)

3. 基于产权性质的进一步分析

在我国，国有企业在政府支持、银信贷资本配给和优质投资机会的获得等诸多方面都具有优势。具体到企业的投资行为，非国有企业的外部融资途径单一，融资约束现象严重，投资规模相对较小，往往存在投资不足，对宏观经济环境波动的抵御能力较弱；对于国有企业而言，由于同国有银行存在天然联系，往往可以以更低的成本得到更多的信贷资本，同时高管委派制和预算软约束体制更是激励国有企业的过度投资行为，加之投资规模相对较大，对宏观经济环境波动的抵御能力也更强。基于此，我们认为宏观经济环境中各个因素对我国国有企业和非国有企业投资规模与投资效率所产生的影响存在较大差异。为此我们将样本分为国有企业和非国

第五章 宏观经济环境影响我国企业投资行为的实证研究

有企业两类，分别进行回归。

投资规模的分组回归结果如表 5-8 中的式（1）和式（2）所示。对比分组检验结果，从经济周期的回归结果来看，在国有企业和非国有企业组中都显著为正，说明我国国有企业和非国有企业的投资规模都具有显著的顺周期特征。从货币政策的回归结果来看，在国有企业和非国有企业组中都显著为正，说明货币政策对我国国有企业和非国有企业的投资规模都具有显著的刺激效应。从财政政策的回归结果来看，在国有企业组中财政政策显著为正，而在非国有企业组中未通过显著性检验，可能的原因在于，与非国有企业相比，我国国有企业由于政府的支持在扩张性财政政策中得到更多的投资机会；反之，在扩张性财政政策中，非国有企业所获得投资机会则相对较少。从信贷市场发展的回归结果来看，在国有企业组中信贷资本总量指标在 1% 水平上显著为正，而在非国有企业组中仅在 10% 的水平上显著为正，可能的原因在于，与非国有企业相比，我国的信贷配给制度使得国有企业在信贷市场扩张中更易于获得银行等金融机构的偏好；而信贷违约风险指标在国有与非国有企业组中都显著为负，说明我国信贷市场的风险对国有企业与非国有企业的投资规模都产生显著的负面影响。从股票市场发展的回归结果来看，股票市场总市值指标和股票市场收益率波动指标在国有企业组与非国有企业组中都未通过显著性检验，说明股票市场发展对我国国有企业与非国有企业的投资规模都没有显著的影响。

表 5-8 宏观经济环境影响企业投资规模、投资效率的分组回归结果

变量	$INV_{i,t}$		$EFF_{i,t}$	
	国有	非国有	国有	非国有
	（1）	（2）	（3）	（4）
GDP_t	0.1891*** (3.03)	-36.6372* (1.97)	-0.0051*** (-5.35)	-0.0030*** (-3.33)
MON_t	15.7389* (1.91)	20.8594* (1.77)	0.0177*** (3.16)	-0.0578 (-1.39)

续表

变量	$INV_{i,t}$		$EFF_{i,t}$	
	国有	非国有	国有	非国有
	(1)	(2)	(3)	(4)
FE_t	18.9113**	62.2772	-0.0040*	0.0091
	(3.22)	(1.41)	(-1.72)	(0.27)
$LOAD_t$	15.4490***	1.0939*	0.0214***	-0.0002
	(4.06)	(1.86)	(2.57)	(-0.28)
$DEFAULT_t$	-25.2624**	-15.6606***	-0.0224	0.0731**
	(-2.42)	(-3.02)	(-0.86)	(2.23)
$STOCK_t$	-7.9899	75.1174	0.0007	-0.0007
	(0.34)	(1.94)	(0.63)	(-0.54)
SR_t	3.9195	-13.0661	-0.0003	-0.0020
	(0.60)	(-1.04)	(-0.01)	(-0.71)
$Q_{i,t-1}$	2.53	20.2371		
	(0.96)	(1.09)		
$Size_{i,t-1}$	18.1851***	58.8417***		
	(8.43)	(7.78)		
$Cash_{i,t-1}$	7.8500***	17.2046***		
	(5.29)	(2.70)		
$Lev_{i,t-1}$	-54.8655***	-29.6592***		
	(-6.62)	(-4.77)		
$Age_{i,t-1}$	-6.2212**	-25.4879**		
	(-2.43)	(-2.16)		
$Sale_{i,t-1}$			0.1579*	0.0452
			(1.67)	(0.39)
$Share1_{i,t-1}$			0.0382	0.0164***
			(1.15)	(5.58)
$ROA_{i,t-1}$			-0.0043*	-0.0077
			(-1.91)	(0.58)

续表

变量	$INV_{i,t}$		$EFF_{i,t}$	
	国有	非国有	国有	非国有
	(1)	(2)	(3)	(4)
Industry	控制	控制	控制	控制
N	4858	2478	4858	2478
调整后 R^2	0.2128	0.2736	0.1251	0.1390
Hausman 检验	1240.39 (0.0000)	1444.57 (0.0000)	28.27 (0.0029)	17.74 (0.0478)

注：*表示通过10%显著性水平检验。**表示通过5%显著性水平检验。***表示通过1%显著性水平检验。

投资效率的分组回归结果如表5-8中的式（3）和式（4）所示。对比分组检验结果，从经济周期的回归结果来看，在国有企业和非国有企业组中都显著为负，说明我国国有企业和非国有企业的投资效率都具有显著的顺周期特征。从货币政策的回归结果来看，在国有企业组中显著为正，而在非国有企业组中则不显著，可能的原因在于受预算软约束和信贷配给等制度背景因素的影响，扩张性的货币政策可能加剧了国有企业的过度投资；反之，对非国有企业投资不足的缓解作用则不明显。从财政政策的回归结果来看，在国有企业组中财政政策显著为负，而在非国有企业组中未通过显著性检验。可能的原因在于，与非国有企业相比，我国国有企业由于政府的支持在扩张性财政政策中得到更多的投资机会；反之，在扩张性财政政策中非国有企业所获得投资机会则相对较少。从信贷市场发展的回归结果来看，在国有企业组中信贷资本总量指标显著为正，而在非国有企业组中则不显著。可能的原因在于，在信贷配给制度下，国有企业在信贷市场扩张中得到更多的信贷资本，进一步助长其过度投资；反之，非国有企业在信贷市场扩张中，所得到的额外资本则十分有限。而信贷违约风险指标在非国有企业组中显著为正，在国有企业组中未通过显著性检验，说明我国非国有企业与国有企业相比，对信贷市场风险的抵御能力相对较弱，因而信贷市场风险仅对非国有企业的投资效率产生显著的负面影响。

从股票市场发展的回归结果来看,股票市场总市值指标和股票市场收益率波动指标在国有企业组与非国有企业组中都未通过显著性检验,说明股票市场发展对我国国有企业与非国有企业的投资效率都没有显著的影响。

五、本章小结

开放型增长模式下,投资的高速增长一直是我国经济增长的主要动力,但投资规模的扩大并不代表投资效率的提高。基于此,本章从宏观经济环境视角入手,结合我国特殊的制度环境,研究宏观经济环境对我国企业投资规模、投资效率的不同影响,并以 2001~2015 年我国上市公司的相关数据为样本进行实证分析,所得出的主要结论如下:第一,我国企业的投资规模与投资效率都具有显著的顺周期特征。第二,货币政策的扩张能促进我国企业投资规模的扩大,但不利于我国企业投资效率的提高;财政政策的扩张能促进我国企业投资规模的扩大,但对我国企业投资效率的影响并不显著。第三,信贷市场的发展能够促进我国企业投资规模的扩大,但对我国企业投资效率的影响并不显著;股票市场的发展对我国企业投资规模和投资效率的影响都不显著。第四,进一步的分析表明,宏观经济环境对我国不同产权性质企业投资规模与投资效率所产生的影响存在较大差异。

本章的研究,首先,在宏观层面上对宏观经济环境影响我国企业投资行为的传导途径提供一定的微观经验证据,同时在微观层面上为企业顺应宏观经济环境波动提高其投资决策的科学性,提供一定的决策参考;其次,基于我国经济发展所处的从开放型发展模式向集约型发展模式转变的特殊阶段,为政府在"新常态"背景下,运用宏观经济因素调控企业行为以提高整体投资效率水平的政策有效性提供一定的决策依据;最后,考虑到我国与西方发达国家宏观经济环境的不同，结合我国特殊的制度背景，研究宏观经济环境中各个因素对我国企业投资行为影响的特殊之处。另外，政府在对宏观经济环境诸因素进行调控的过程中应重点关注国有企业与非国有企业投资行为的异质性，促进宏观经济环境变动对国有企业与非国上市公司的影响程度趋于一致。

第六章
宏观经济环境影响我国企业负债融资的实证研究

基于第三章的基本理论分析和第四章的制度背景分析，本章采用实证检验的方法考察宏观经济环境对我国企业负债融资的影响，延续上一章中研究宏观经济环境对我国企业投资行为影响时所采用的实证分析方法，也承接下一章关于宏观经济环境对负债融资与我国企业投资行为关系中调节效应的实证研究。本章主要说明宏观经济环境对我国企业的负债融资规模和负债期限结构所产生的具体影响，进而证明宏观经济环境是影响我国企业负债融资行为的重要因素，也为第七章深入分析宏观经济环境、负债融资和企业投资效率三者之间的关系打下一定的基础。

一、问题的提出

以 MM 理论为代表的传统资本结构理论认为企业的融资决策仅与企业自身的财务状况和经营目标有关，而忽略外部资金供给因素的影响，即隐含外部资本供给具有完全弹性的假设。在现实的经济环境中，企业的融资决策不仅与企业内部的诸多因素（如企业规模、股权结构、成长能力、盈利水平、公司治理等）密切相关，还受企业外部经济环境中资本供给面因

第六章 宏观经济环境影响我国企业负债融资的实证研究

素的影响（Faulkender & Petersen，2006）。早期对企业负债融资决策的研究主要从企业的内部特征出发，而近年来宏观经济环境对企业负债融资决策的影响越来越受到学者们的重视。Gertler 和 Gilchrist（1994）、Borio（2003）、Levy 和 Hennessy（2007）、Roberts（2010）等选取一系列宏观经济环境因素（如经济周期、经济政策、信贷市场等）作为外生的资本供给冲击，实证检验宏观经济环境对不同国家企业负债融资决策的影响，结果都表明来自宏观经济环境的外生冲击是影响企业负债融资决策的重要因素。

目前，我国对于宏观经济环境对企业负债融资决策影响方面的相关研究才起步，在研究深度与广度上远远比不上西方发达国家。但随着我国市场经济制度的发展、金融市场的日趋完善、企业融资渠道选择的多元化，越来越多的国内学者开始关注我国宏观经济环境对企业负债融资决策的影响问题。从我国的现实背景来看，市场经济体制改革造成社会各个领域的巨大变化，也导致我国企业的融资模式从最初计划经济下的财政主导型转向转轨经济时期的银行主导型，并逐步转向适应于现代企业制度的市场型融资模式。在我国企业融资模式渐变的过程中，适应性宏观经济环境因素也随之改变，但由变革成本所导致的融资环境变迁的"路径依赖"问题影响宏观经济环境变革的进程。现阶段我国的信贷歧视现象严重，债券市场发展缓慢，利率仍没有达到完全的市场化，社会信用体系完善性差，总体而言我国企业负债融资所面临的宏观经济环境与西方学者所研究的宏观经济环境存在着显著的差异（于蔚等，2012）。这一差异体现在我国企业的负债融资决策上，主要表现为金融市场完善性的欠缺限制企业融资渠道的选择，同时经济环境不确定性的日益增强，经济政策的频繁变动和仍具有的计划性特征，都导致我国企业的负债融资决策更易受到宏观经济环境因素的冲击（陈国权和徐碧波，2005；吴敬琏，2009）。纵观现有研究可以看出，国外关于宏观经济环境与企业负债融资决策相关关系的研究结论并不一定适用于我国，而国内对企业负债融资决策的研究则很少涉及外部经济环境因素。

2016年,"去杠杆"成为落实中央供给侧改革的五大任务之一。在经济领域,企业的负债融资行为属于"加杠杆",即以较小的投入撬动大量资金,因此再次成为国内学者关注的热点。近年来,我国企业的负债融资行为反常性特征日益明显,如在负债规模上远高于西方发达国家水平,平均资产负债率高达115%(2014年);在负债期限结构上与西方发达国家存在较大差异,呈现出显著的短期化特征;在资金来源结构上,银行信贷资本占据绝对优势比重。基于此,我们结合宏观经济环境因素探讨我国企业负债融资行为异常的原因,深入分析宏观经济环境对我国企业负债融资行为的影响,就具有非常重要的现实意义。负债融资规模的确定是企业最重要的财务决策之一,而负债期限结构选择作为债务内部结构的重要组成部分,对企业负债结构的优化具有重要的影响,因此本章选取负债融资规模、负债融资结构两个维度刻画企业的负债融资决策,以我国上市公司的经验数据为样本进行实证研究,探讨宏观经济环境因素对我国企业负债融资决策的影响,并将企业按照产权性质进行分类,研究在不同特征的企业中宏观经济环境因素对企业负债融资决策影响的异质性,以期对宏观经济环境作用于我国企业负债融资决策的微观传导途径提供一定的经验证据与决策依据。

二、理论分析和研究假设

(一)负债融资规模、负债期限结构与经济周期

经济周期代表宏观经济活动的综合表现。依据传统的权衡理论和最优融资顺序理论推断经济周期对企业负债融资规模的影响所得出的结论是截然相反的。其中,权衡理论认为,当经济周期处于上行阶段时,社会总需

第六章 宏观经济环境影响我国企业负债融资的实证研究

求扩大，企业的收入和利润上升，企业选择负债融资所带来的预期破产成本趋于降低，因此更多地倾向于负债融资方式，即企业的负债融资规模具有顺周期特点；而优序融资理论认为，企业融资方式的选择具有最优顺序，一般首先是内部融资，其次是外部融资，在外部融资中债务融资要先于股权融资，而当经济周期处于上行阶段时，企业的内部资金充足，可以首先被使用，然后才会考虑外部融资方式，同时由于整体经济状况的改善，投资者与管理层之间的信息不对称情况得到缓解，企业在外部融资中相对于负债融资可能更倾向于选择股权融资方式，即企业的负债融资具有逆周期特点。早在 2003 年，Korajczy 和 Levy 利用 Probit 回归对经济周期与企业负债规模之间的相关性进行实证研究，结果发现对于不具有融资约束的企业而言，其负债融资规模都具有显著的逆周期特征。此后不同学者尝试从理论建模和实证分析等方面深入研究宏观经济周期对企业负债融资规模的影响，但并没有得出一致性的结论。结合我国经济转轨时期的特殊制度背景，我们认为我国企业的债融资规模具有顺周期特点。一方面，我国现阶段的金融市场发展相对滞后，融资约束现象在多数企业中普遍存在（陆静和黄霞，2005）；另一方面，我国信贷政策的实施与经济周期联系密切，经济扩张时期的信贷宽松政策导致负债融资可得性的提高和债务成本的相应下降（潜力和胡援成，2015）。对于企业的负债期限结构而言，我们认为经济周期的上行可以促进企业提高其长期负债比例。从代理成本理论分析，当经济周期处于下行阶段时，企业可担保资产的净值下降，代理成本和债务风险加大，此时与长期负债相比，企业倾向于承担风险较小的短期债权（Bernanke & Gentler, 1989）。同时当经济周期持续下行，企业的经营状况和营业收入随之下滑，负债的预期破产成本增加，企业倾向于缩短负债融资期限，缓解还款付息的压力。基于以上分析，我们提出以下假设。

H1：相对于经济周期下行阶段，经济周期上行阶段更有利于促进我国企业负债融资规模水平的扩大；相对于经济周期下行阶段，经济周期上行阶段更有利于我国企业长期负债比例的提高。

（二）负债融资规模、负债期限结构与货币政策

货币政策是一国政府为实现一定的宏观经济调控目标所采用的货币政策工具，也是企业所处宏观经济环境的重要组成因素。货币政策变化对企业负债规模或结构变化所产生的影响主要基于货币政策传导渠道的存在。西方学者很早就开始关于货币政策传导途径的研究，一般分为利率渠道、资产价格渠道和信贷渠道。由于我国金融市场发展的相对滞后，利率市场化改革还处于起步阶段，利率渠道和资产价格渠道往往难以实现，信贷渠道则成为货币政策传导的主要渠道（靳庆鲁等，2012）。信贷传导渠道又分成银行贷款效应和资产负债表效应。银行贷款效应强调的是银行在金融市场中所处的中心地位。我国的融资环境与西方发达国家存在较大的差异，与股票市场相比，银行贷款是我国企业主要的融资来源，同时大多数银行又具有极易受政府政策影响的国有属性，因此当我国的货币政策趋于紧缩，银行体系的资金随之收缩，而银行的资产业务（企业贷款）也会随之调整，进而导致企业贷款可得性难度的加大和贷款成本的上升（祝继高和陆正飞，2009）。资产负债表效应强调企业抵押价值的作用。当我国的货币政策趋于紧缩时，一般会导致企业所拥有的可抵押资产价值的下降，而我国银行对企业的贷款大多为抵押贷款，这就直接导致银行对企业贷款规模的下降，加之企业财务状况的恶化刺激逆向选择问题的出现，也提高了企业获得银行贷款的难度（Gertler & Gilchrist，1994）。对于企业的负债期限结构而言，我们认为货币政策的扩张与我国企业的负债期限结构负相关。在利率完全市场化的国家中，宽松的货币政策导致名义利率的下降，企业的偿债负担减小，银行的风险程度降低，进而促进企业延长其负债期限，但我国的利率依然受到严格的管制。上述分析并不适用于我国。马红和王元月（2017）认为，货币政策的趋于宽松可以为企业带来更多的投资机会，基于债务期限理论中代理成本的观点，具有更多投资机会的企业往往偏向于选择更多的短期负债，以控制因投资效率下降所引发的代理成本。基于以上分析，我们提出以下假设。

H2：扩张性货币政策能够显著促进我国企业负债融资规模水平的扩大；货币政策的扩张不利于我国企业长期负债比例的提高。

(三) 负债融资规模、负债期限结构与财政政策

一国政府推行其财政政策，通常采用调控财政支出、增减税收或者政府补贴等方式。西方学者很早就开始关于财政政策变化对企业负债融资决策影响的研究，主要包括挤出效应和刺激效应两种观点。从财政政策的挤出效应来看，扩张性的财政政策往往伴随着政府投资的扩大，进而挤占私人投资的空间，造成企业投资机会的减少、财务状况的恶化、未来预期风险的增加，导致企业负债融资规模的降低。但我国财政投资的扩张大多投资于公共经济领域，对企业投资的挤出效应并不明显，因此挤出效应理论并不符合我国的实际（雒敏和聂文忠，2012）。从财政政策的刺激效应来看，扩张的财政政策在加大政府支出的同时，能够刺激社会总需求，增加企业的投资机会，促进企业经营状况的好转，提高企业的负债融资能力，进而导致企业负债融资规模的扩大（曾令涛和汪超，2015）。我国政府的财政政策往往具有在经济衰退期比在经济扩张期更为积极的特点，这一特点导致在经济衰退期政府财政支出的扩张加速，同时为达到刺激经济发展的目的，政府可能加大对企业融资决策的干预程度，进而导致企业被迫扩大投资，提高负债融资规模。结合我国预算软约束的特殊融资制度背景，我们认为财政政策的刺激效应在我国更为显著，因此财政政策与企业的负债融资规模呈正相关关系（方红生和张军，2009）。对于企业的负债期限结构而言，我们认为财政政策的扩张与我国企业的负债期限结构正相关。一般认为，扩张性财政政策在加大政府支出的同时，也增加宏观税负水平，而宏观税负水平的增加降低企业对投资回报率的预期，进而抑制企业投资的积极性，依据代理成本理论，当企业的投资机会减少时，企业将倾向于延长企业负债融资的期限。基于以上分析，我们提出以下假设。

H3：扩张性财政政策能够显著促进我国企业负债融资规模水平的扩大；财政政策的扩张有利于我国企业长期负债比例的提高。

(四) 负债融资规模、负债期限结构与信贷市场

我国金融体系的发展迟缓导致大部分企业的外部融资渠道受阻,银行在金融市场中长期占据主导地位,因此与西方发达国家相比,我国企业的外部融资更多依赖于来自信贷市场的资本(Chan et al.,2004)。从信贷市场的供给状况来看,信贷配给制度在我国的信贷市场中长期存在,信贷配给的紧缩意味着信贷资金总量的减少,可用于企业借贷的总资金趋于紧张,此时银行往往会提高贷款利率抑制高涨的贷款需求,而贷款利率的提高会造成负债融资所带来的预期破产成本上升,进而导致企业负债融资规模的下降。从信贷市场的违约状况来看,一般认为,信贷市场上整体的贷款违约可能性越高,也就意味着整个信贷市场的信用状况趋于恶化,进而导致银行与借款企业之间的信息不对称程度上升,此时银行往往为避免损失,加大贷款的监督与治理力度,造成信贷成本的上升和信贷可得性难度的加大,进而导致企业减少其负债融资的规模(Holmstrom & Tirole, 1994)。对于企业的负债期限结构而言,我们认为信贷市场的扩张与我国企业的负债期限结构正相关。从代理成本理论分析,信贷市场中的贷款违约可能性越高,信贷市场上借贷双方的信息不对称程度也随之提高,代理成本和债务风险加大,此时与长期负债相比,企业更倾向于承担风险较小的短期债权(张长海等,2016)。基于以上分析,我们提出以下假设。

H4:信贷市场的扩张能够显著促进我国企业负债融资规模水平的扩大;信贷市场的扩张有利于我国企业长期负债比例的提高。

(五) 负债融资规模、负债期限结构与股票市场

对于企业的融资决策而言,股票市场的状况直接影响企业的融资偏好,进而影响企业的负债融资规模。市场择时理论、权衡理论、优序融资理论等从不同角度出发证明这种影响的存在。我们认为我国的股票市场还处于欠发达阶段,企业股价与业绩相背离的情况普遍存在,股票价格并不能完全反映企业的经营状况。因此,我们选择从市场择时理论出发,分析

股票市场发展对企业负债融资决策的影响。市场择时理论认为股票市场存在"热市发行"现象，导致企业在股票市场总体状况较好时，更加偏好股权融资，而在股票市场总体状况不景气时偏好债务融资，即股票市场的总体状况与企业的负债融资水平呈负相关关系（Baker & Wurgler，2002）。对于企业的负债期限结构而言，关于股票市场发展状况对其影响的研究结论存在两种截然相反的观点。一种观点认为，股票市场的发展能够增加企业获得长期负债的能力，同时企业的经营状况通过股票价格得以披露，可以降低借贷双方关于企业信息的不对称程度，进而有利于企业延长其负债期限；另一种观点则认为，股票市场越发达，总体状况越好，越容易发生股票融资对长期负债融资的替代现象，即股票市场的发展与企业的负债期限结构成反比（齐欣林，2013）。基于以上分析，我们提出以下假设。

H5：股票市场的发展能显著抑制我国企业负债融资规模水平的扩大；股票市场的发展对我国企业的负债期限结构存在一定的影响，但具体的影响方向并不确定。

三、研究设计

（一）研究样本选取

我们选取沪深两市 A 股上市公司 2001～2015 年共计 15 年的数据为研究样本。我们遵循以下标准对样本进行筛选：①在选取样本企业时剔除 ST、PT 股票，因为这类股票已体现出企业财务状况的异常现象，即无效率经营；②剔除变量的异常值与缺失值；③按照研究惯例删除金融类公司。最终选取在考察期内符合条件并一直存续的样本数为 524 家。我们所使用的财务数据主要来自于 CCER 和 CSMAR 数据库，市场数据来自于国家统计局网站和 2001~2015 年的统计年鉴。另外，考虑到异常值对研究结果稳健性的影响，我们选择对公司层面的连续变量进行上下 1% 的 Winsorize 处理。

（二）模型构建与变量测度

为检验假设 H1~H5，即宏观经济环境对企业负债融资规模、负债期限结构的影响，构建计量模型（6-1）和模型（6-2）：

$$DEBT_{i,t} = \beta_0 + \beta_1 Grow_{i,t-1} + \beta_2 Size_{i,t-1} + \beta_3 Tang_{i,t-1} + \beta_4 Profit_{i,t-1} + \beta_5 GDP_t + \beta_6 MON_t + \beta_7 FE_t + \beta_8 LOAD_t + \beta_9 DEFAULT_t + \beta_{10} STOCK_t + \beta_{11} SR_t + Industry + \varepsilon_{i,t} \quad (6-1)$$

$$DEBTSTR_{i,t} = \beta_0 + \beta_1 Grow_{i,t-1} + \beta_2 Size_{i,t-1} + \beta_3 Tang_{i,t-1} + \beta_4 GDP_t + \beta_5 MON_t + \beta_6 FE_t + \beta_7 LOAD_t + \beta_8 DEFAULT_t + \beta_9 STOCK_t + \beta_{10} SR_t + Industry + \varepsilon_{i,t} \quad (6-2)$$

模型（6-1）中的被解释变量 DEBT 表示企业的负债融资规模，选取有息债务比率指标度量。我国企业的商业信用相对分散，期限较短且一般与特定交易联系在一起，导致这类债权人大多处于被动地位，从而我们认为商业信用这类负债受宏观经济环境的影响相对较小，因此负债融资规模仅考虑贷款和债券两种有息负债途径（陈耿和周军，2004）。国外的相关实证研究一般采用有息债务/账面总资产或者有息债务/总市值两种方式表示该指标。由于我国股票市场制度的特殊性如非流通股的定价争议问题、资产重组、借壳上市等所造成的投资价值真实性争议问题等，所以国内的相关文献通常采用有息债务/账面总资产表示企业的负债融资规模，因此我们也借鉴这一常用指标，其中，有息债务=短期借款+长期借款+一年内到期的非流动负债+应付债券。模型（6-2）中的被解释变量 DEBTSTR 表示企业的负债期限结构，选取长期负债比例指标度量，借鉴国内相关文献通常采用的长期负债与总负债之间的比值表示该指标，其中，长期负债=长期借款+一年内到期的非流动负债+应付债券。

模型（6-1）和模型（6-2）中的宏观经济环境解释变量包括经济周

期、货币政策、财政政策、信贷市场与股票市场，为避免出现解释变量之间的共线性问题，我们在指标设置中尽量剔除可能的相互影响。其中，经济周期变量（*GDP*）选用常见指标 *GDP* 增长率衡量；货币政策（*MON*）借鉴 Anil 等（1993）的做法，选择实际货币供应量指标衡量，即 *M2* 增长率减去 *GDP* 增长速度，再减去居民消费物价指数增长速度后所得的差；财政政策（*FE*）一般包括税收和财政支出两方面，由于本书考察期内我国税法规定的公司所得税率基本未发生变化（或者变化幅度太小），因此本文借鉴雒敏和聂文忠（2012）的做法，选择财政支出增长率指标作为我国财政政策的代理变量；对信贷市场，我们从信贷资本总量和信贷违约风险两方面进行刻画；对于信贷资本总量（*LOAD*），由于我国一直实行利率管制政策，利率指标不能反映企业真实的信贷成本，同时我国信贷市场中的资本总额受到中央银行的严格控制，各种金融机构的贷款总量指标更能反映在我国特殊的信贷配给制度下企业的真实信贷成本，因此我们借鉴胡国柳和姜岩磊（2014）的研究，以我国信贷资本总量的自然对数表示信贷资本总量指标，对于信贷违约风险，国外学者往往选择使用 BBB 级与 AAA 级债券之间的利差指标，但我国的债券市场市场化程度较低，因此我们借鉴苏冬蔚和曾海舰（2009）的做法，选取我国银行的整体不良贷款率表示信贷市场的风险；对于股票市场，我们从股票市场总市值和股票市场收益率波动两方面进行刻画；对于股票市场总市值（*STOCK*），我们借鉴刘思佳（2010）的研究，采用上海与深圳证券市场股票总市值代表股票市场的总量情况，并用 *GDP* 对该指标进行标准化处理；对于股票市场收益率波动（*SR*），借鉴周业安和宋翔（2010）的研究，用我国股票市场月收益率的标准差表示股票市场的波动性，代表股票市场的风险程度。

模型（6-1）和模型（6-2）中的控制变量，参考前人关于企业负债融资规模和负债期限结构的研究，选取企业成长性（主营业务收入增长率）、企业规模（总资产的自然对数）、有形资产比率（固定资产与总资产之比）和企业盈利能力（息税前利润与总资产之比）的滞后一期变量作为负债融资规模研究的控制变量；选取企业成长性、规模和有形资产比率的滞后一期变量作为负债期限结构研究的控制变量。另外，在模型（6-1）和模型（6-2）中，i、t分别表示企业与年代，$\varepsilon_{i,t}$为随机扰动项，还加入行业虚拟变量 Industry。

四、实证检验

（一）描述性统计

表6-1报告了样本企业在研究期内公司层面主要变量的描述性统计。可以看出，企业负债融资规模（DEBT）的最小值和最大值分别为0.0000和3.3544，企业负债期限结构（DEBTSTR）的最小值和最大值分别为0和95.80%，说明样本企业的负债融资规模与负债期限结构的差异较大，这为我们的研究创造了较好的条件。表6-2报告了样本企业在研究期内宏观层面主要变量的描述性统计。可以看出，2001~2015年我国宏观经济环境中的各个因素也存在较大差距，其中，经济周期的最大值为0.1420，最小值为0.0690，相差2倍多；宏观经济政策中的货币与财政政策的最大值分别为0.1996和0.2570，而最小值分别为-0.0230和0.0830，差距也较大；信贷市场的信贷资本总量指标和信贷违约风险指标的最大值分别为0.3174和0.2980，而最小值分别为0.0977和0.0095，相差分别为3倍和31倍之多；股票市场的股票市场总市值指标和股票市场收益率波动指标的最大值分别为1.2206和1.3300，而最小值分别为0.1745和0.6455，相差分别为7倍和2倍之多。这一结果表明在不同的历史时期我国宏观经济环境存在着较大差异，同时也在一定程度上说明在考察期内我国宏观经济环境的较大变化可能对企业的负债融资行为产生更为显著的影响。

第六章 宏观经济环境影响我国企业负债融资的实证研究

表6-1 公司层面变量的描述性分析

变量	均值	方差	最小值	最大值
DEBT	0.2439	0.1962	0.0000	3.3544
DEBTSTR	0.1478	0.1829	0.0000	0.9580
Grow	2.4262	5.7817	0.0000	393.0135
Size	21.7174	1.3623	14.1082	29.2493
Tang	0.9504	0.0741	0.2028	1.0000
Profit	0.0503	1.3286	-3.9780	5.1195

表6-2 宏观经济因素的描述性分析

变量	均值	方差	最小值	最大值
GDP	0.0962	0.0195	0.0690	0.1420
FE	0.1730	0.0466	0.0830	0.2570
MON	0.0462	0.0503	-0.0230	0.1996
LOAD	0.1669	0.0513	0.0977	0.3174
DEFAULT	0.0815	0.0944	0.0095	0.2980
STOCK	0.4909	0.2486	0.1745	1.2206
SR	0.1792	0.5332	0.6455	1.3300

(二) 多重共线性检验

因为我们所设定的模型 (6-1) 中既包括公司层面的变量, 也包括宏观层面的变量, 我们分别针对公司层面和宏观层面变量之间的相关性进行检验, 结果如表6-3和表6-4所示。从表6-3的检验结果可知, 各公司层面变量之间的相关系数较低, 不存在严重的多重共线性问题。另外, 各控制变量均与企业负债融资决策 (规模与期限) 显著相关, 说明本文在控制变量上的设置是有意义的。从表6-4的检验结果可知, 各宏观层面变量之间的相关系数较低, 不存在严重的多重共线性问题, 初步证明了本文解释变量设置的合理性，规避了宏观经济环境各个因素之间的相互影响。

表6-3 公司层面变量的相关系数

变量	DEBT	DEBTSTR	Grow	Size	Tang	Profit
DEBT	1					
DEBTSTR	0.3765***	1				
Grow	-0.0298**	0.0074*	1			
Size	0.0397***	0.2791***	0.0193*	1		
Tang	0.0391***	-0.1222***	-0.0032	0.0686***	1	
Profit	-0.0349***	-0.0016	0.0060	-0.4399	0.0060	1

注：*表示通过10%显著性水平检验。**表示通过5%显著性水平检验。***表示通过1%显著性水平检验。

表6-4 宏观层面变量的相关系数

变量	GDP	MON	FE	LOAD	DEFAULT	STOCK	SR
GDP	1						
MON	0.5616**	1					
FE	0.3121	0.42263	1				
LOAD	-0.5550**	-0.4490***	-0.2064	1			
DEFAULT	-0.0898	0.1152	0.7636***	0.1243	1		
STOCK	0.4725*	0.1018	0.0408	-0.0987	0.2389	1	
SR	0.4625*	0.0315	0.2680	0.0739	0.3542	0.7434***	1

注：*表示通过10%显著性水平检验。**表示通过5%显著性水平检验。***表示通过1%显著性水平检验。

（三）假设检验结果

我们采用平衡面板数据进行回归分析，并依据Hausman检验的结果选择固定效应模型进行实证分析。

第六章 宏观经济环境影响我国企业负债融资的实证研究

1. 负债融资规模的估计结果

表6-5中式（1）表示的是控制变量与企业负债融资规模的回归结果。其中企业成长性、企业规模、有形资产比率与企业负债融资规模显著正相关，说明拥有更多的投资机会、有形资产在总资产中占有较大比率和资本规模较大的上市公司往往具有更强烈的负债融资偏好。以上控制变量的回归结果与前人关于企业负债融资规模的实证分析结果基本一致。式（2）在式（1）的基础上引入作为解释变量的经济周期，各控制变量与企业负债融资规模的关系没有发生实质性变化。回归结果显示，经济周期变量显著为正，说明我国企业的负债融资规模具有显著的顺周期特征，我们提出的H1得到支持。式（3）在式（2）的基础上引入作为解释变量的货币政策，式（2）中各个解释变量与企业负债融资规模的关系没有发生实质性变化。回归结果显示，货币政策变量显著为正，说明货币政策的扩张能够显著促进我国企业负债融资规模的扩大，我们提出的H2得到支持。式（4）在式（3）的基础上引入作为解释变量的财政政策，式（3）中各个解释变量与企业负债融资规模的关系没有发生实质性变化。回归结果显示，财政政策变量显著为正，说明财政政策的扩张能够显著促进我国企业负债融资规模的扩大，我们提出的H3得到支持。式（5）在式（4）的基础上引入作为解释变量的信贷市场指标，式（4）中各个解释变量与企业负债融资规模的关系没有发生实质性变化。回归结果显示，信贷资本总量变量显著为正，而信贷违约风险变量显著为负，说明我国的信贷总量配置制度对我国企业负债融资规模的扩大具有显著的正面效应，而信贷市场波动风险则具有显著的负面效应，即我们提出的H4得到支持。式（6）在式（5）的基础上引入作为解释变量的股票市场指标，式（5）中各个解释变量与企业负债融资规模的关系没有发生实质性变化。回归结果显示，股票市场总市值指标和股票市场收益率波动指标都没有通过显著性检验，说明股票市场的发展对我国企业负债融资规模变化的影响较小，我们提出的H5未得到有效支持，可能的原因在于我国的股票市场发展相对滞后，股票市场发展与企业负债融资的联动效应并不显著。

表 6-5 宏观经济环境影响企业负债融资规模的面板估计结果

变量	$DEBT_{i,t}$					
	(1)	(2)	(3)	(4)	(5)	(6)
GDP_t		3.0235*** (3.20)	2.6941*** (9.98)	2.5335*** (8.31)	2.7224*** (8.94)	4.6796*** (8.85)
MON_t			1.3366*** (4.42)	1.2580*** (4.20)	3.2017*** (7.52)	2.7443*** (5.97)
FE_t				0.1339** (1.13)	0.0710** (1.57)	0.1127** (2.80)
$LOAD_t$					0.4350*** (3.63)	0.5341*** (4.05)
$DEFAULT_t$					−0.5895*** (−8.115)	−0.4973*** (−6.69)
$STOCK_t$						−0.0319 (−0.85)
SR_t						−0.0278 (−0.66)
$Grow_{i,t-1}$	0.1046*** (10.07)	0.1056*** (110.87)	0.1055*** (110.87)	0.1055*** (110.83)	0.1067*** (111.22)	0.1070*** (111.65)
$Size_{i,t-1}$	0.0644*** (10.51)	0.0704*** (10.49)	0.0638*** (9.29)	0.0646*** (9.36)	0.0975*** (11.94)	0.1053*** (12.68)
$Tang_{i,t-1}$	1.5015*** (10.88)	1.4799*** (10.23)	1.4535*** (10.06)	1.4568*** (10.08)	1.5539*** (10.76)	1.5867*** (11.00)
$Profit_{i,t-1}$	−0.2067*** (−50.60)	−0.2096*** (−51.26)	−0.2097*** (−51.35)	−0.2096*** (−51.34)	−0.2094*** (−51.53)	−0.2096*** (−51.71)
Industry	控制	控制	控制	控制	控制	控制
N	7336	7336	7336	7336	7336	7336
调整后 R^2	0.5917	0.6146	0.6145	0.6144	0.6164	0.6168

续表

变量	$DEBT_{i,t}$					
	(1)	(2)	(3)	(4)	(5)	(6)
Hausman 检验	437.63 (0.0000)	841.29 (0.0000)	917.05 (0.0000)	932.03 (0.0000)	922.59 (0.0000)	1037.55 (0.0000)

注：*表示通过10%显著性水平检验。**表示通过5%显著性水平检验。***表示通过1%显著性水平检验。

为验证估计结果的稳定性，对被解释变量企业的负债融资规模进行指标替代，选用常见的资产负债率指标表示企业的负债融资规模，进行稳定性检验，结果如表6-6所示。表6-6中式（1）表示的是控制变量与企业负债融资规模的回归结果，式（2）~式（6）在式（1）的基础上依次引入宏观经济环境的解释变量，对比可知与原指标所得出的回归结果基本一致。值得一提的是，指标替代后的估计结果中股票市场收益率波动指标显著为负，与原结果并不一致。可能的原因在于，受国际金融危机的影响，我国股票市场的波动性日益加剧，因此股票市场的波动影响了我国企业对未来的预期，进而对企业的负债融资规模产生了显著的负面效应。从整体结果看，股票市场指标在四次回归结果中三次并不显著，因此股票市场对我国企业投资行为的影响依然并不明确。从以上的稳定性检验结果可以看出，前文得出的关于宏观经济环境对企业负债融资规模影响的主要研究结果未发生实质性变化。

表6-6 宏观经济环境影响企业负债融资规模的稳定性检验结果

变量	$LEV_{i,t}$					
	(1)	(2)	(3)	(4)	(5)	(6)
GDP_t		0.6282*** (6.58)	0.6939*** (6.94)	0.7591*** (6.50)	0.8557*** (7.28)	1.4552*** (8.69)
MON_t			0.0754** (2.19)	0.0806** (2.32)	0.0908** (2.92)	0.1123** (2.51)

续表

变量	$LEV_{i,t}$					
	(1)	(2)	(3)	(4)	(5)	(6)
FE_t				0.0469** (2.08)	0.0050** (2.04)	0.0358** (2.30)
$LOAD_t$					0.2148*** (6.72)	0.2230*** (6.90)
$DEFAULT_t$					-0.1117*** (-2.60)	-0.0217*** (-4.48)
$STOCK_t$						-0.0088 (-1.49)
SR_t						-0.0523*** (-4.73)
$Grow_{i,t-1}$	-0.0016*** (-4.76)	-0.0015*** (-4.30)	-0.0018*** (-4.25)	-0.0015*** (-4.22)	-0.0008** (-2.33)	-0.0007* (-1.87)
$Size_{i,t-1}$	0.0097*** (4.39)	0.0124*** (5.12)	0.0132*** (5.38)	0.0131*** (5.33)	0.0340** (11.33)	0.0379*** (12.49)
$Tang_{i,t-1}$	0.0565* (1.75)	0.0400* (1.91)	0.0411* (1.72)	0.0421* (1.85)	0.0119* (1.92)	0.0252* (1.84)
$Profit_{i,t-1}$	-0.0074*** (-5.38)	-0.0078*** (-5.60)	-0.0078*** (-5.62)	-0.0078*** (-5.62)	-0.0082** (-5.50)	-0.0083*** (-5.59)
Industry	控制	控制	控制	控制	控制	控制
N	7336	7336	7336	7336	7336	7336
调整后 R^2	0.2052	0.2079	0.2082	0.2084	0.2132	0.2149
Hausman 检验	95.44 (0.0000)	92.27 (0.0000)	92.86 (0.0000)	90.82 (0.0000)	56.69 (0.0000)	78.80 (0.0000)

注：*表示通过10%显著性水平检验。**表示通过5%显著性水平检验。***表示通过1%显著性水平检验。

第六章 宏观经济环境影响我国企业负债融资的实证研究

2. 企业负债期限结构的估计结果

表6-7中式（1）表示的是控制变量与企业负债期限结构的回归结果。其中企业成长性（$Grow$）、企业规模（$Size$）与企业负债期限结构显著正相关，而有形资产比率（$Tang$）与企业负债期限结构显著负相关，说明拥有更多的投资机会、企业规模较大，同时有形资产在总资产中占有较小比率的上市公司，与短期负债相比，更倾向于长期负债。以上控制变量的回归结果与前人关于企业负债期限结构的实证分析结果基本一致。式（2）在式（1）的基础上引入宏观经济环境解释变量，各控制变量与企业负债期限结构之间的关系没有发生实质性变化。式（2）的回归结果显示，经济周期变量显著为正，说明经济周期的上行能够显著促进我国企业延长其负债融资期限，我们提出的H1得到支持；货币政策变量没有通过显著性检验，我们提出的H2未得到支持，可能的原因在于货币政策的扩张所带来的投资机会有限，代理理论并不能解释货币政策对我国企业负债期限结果的影响；财政政策变量显著为正，说明财政政策的扩张能够显著增强企业对长期负债的偏好，我们提出的H3得到支持；信贷资本总量变量未通过显著性检验，可能的原因在于信贷资本总量的变动并不能影响借贷双方之间的信息不对称，而信贷违约风险变量显著为负，说明我国信贷市场的波动风险能够显著影响企业对负债融资期限的调整，我们提出的H4得到部分支持；股票市场总市值指标和股票市场收益率波动指标都没有通过显著性检验，我们提出的H5未得到支持，可能的原因在于我国的股票市场发展相对滞后，股票市场融资对企业长期负债融资的替代效应并不明显。

为验证估计结果的稳定性，对被解释变量企业的负债期限结构进行指标替代，由于对我国企业而言，相较于债券、商业信用等渠道，借款渠道在负债融资中最为常见，因此选用长期借款/总借款（$DEBTSTR'$）表示企业的负债期限结构，进行稳定性检验，结果如表6-7所示（孙铮等，2005）。表6-7中式（3）表示的是控制变量与企业负债期限结构的回归结果，式（4）在式（3）的基础上引入宏观经济环境的解释变量，对比可知，进行指标替换后的估计结果与原指标所得出的回归结果基本一致，即前文得出的关于宏观经济环境对企业负债期限结构影响的主要研究结果未发生实质性变化。

表 6-7 宏观经济环境影响企业负债期限的面板估计结果

变量	$DEBTSTR_{i,t}$		$DEBTSTR'_{i,t}$	
	(1)	(2)	(3)	(4)
GDP_t		0.2191* (1.92)		0.0112* (1.91)
MON_t		-0.0407 (-0.54)		-0.0400 (-0.75)
FE_t		0.1099*** (2.13)		0.0540* (1.72)
$LOAD_t$		0.0488 (0.78)		0.0990 (0.86)
$DEFAULT_t$		-0.0920* (-1.16)		-0.0250* (-1.77)
$STOCK_t$		0.0102 (0.90)		0.00097 (1.25)
SR_t		-0.0098 (-0.91)		-0.0118*** (-3.30)
$Grow_{i,t-1}$	0.0005* (1.91)	0.0004* (1.94)	0.0008*** (4.34)	0.0008*** (4.00)
$Size_{i,t-1}$	0.0444*** (23.52)	0.0455*** (20.19)	0.0288*** (24.00)	0.0272*** (17.62)
$Tang_{i,t-1}$	-0.2126*** (-7.65)	-0.2157*** (-7.71)	-0.1208*** (-6.63)	-0.1143*** (-6.00)
Industry	控制	控制	控制	控制
N	7336	7336	7336	7336

第六章　宏观经济环境影响我国企业负债融资的实证研究

续表

变量		$DEBTSTR_{i,t}$		$DEBTSTR'_{i,t}$	
		（1）	（2）	（3）	（4）
调整后 R^2		0.2976	0.2994	0.2804	0.2810
Hausman 检验		12.96 (0.0115)	13.63 (0.0543)	9.14 (0.0576)	7.86 (0.0261)

注：*表示通过10%显著性水平检验。**表示通过5%显著性水平检验。***表示通过1%显著性水平检验。

3. 进一步分析

检验宏观经济环境对我国不同产权性质企业负债融资决策所产生的差异化影响。在我国，相对于非国有企业，由于政府的"父爱主义"，国有企业能够获得更多来自政府的资金支持，在银行信贷资本配给等诸多方面具有非国有企业无法拥有的优势，因此有必要系统考察宏观经济环境中各个因素对我国国有企业和非国有企业负债融资决策所产生的不同影响。

为验证对负债融资规模所产生的差异化影响，将全样本按企业性质分为国有企业与非国有企业两组，分别进行实证分析，回归结果如表6-8中的式（1）和式（2）所示。对比分组检验结果，从经济周期的回归结果来看，在国有企业和非国有企业组中都显著为正，说明我国国有企业和非国有企业的负债融资行为都具有显著的顺周期特征。从货币政策的回归结果来看，在国有企业组中货币政策变量并不显著，而在非国有企业组中在1%的水平上显著为正，可能的原因在于国有企业由于政府的支持，即使在银根紧缩的情况下也不会造成负债融资规模的大幅度下降，因而扩张性货币政策对非国有企业负债融资规模的促进作用更为明显。从财政政策的回归结果来看，在国有企业组中财政政策显著为正，而在非国有企业组中未通过显著性检验，可能的原因在于，与非国有企业相比，我国国有企业由于政府的支持在扩张性财政政策中得到更多的投资机会，增强了负债融资的能力，因此扩张性财政政策对国有企业负债融资规模的正面影响更为显著。从信贷市场的回归结果来看，在国有企业组中信贷资本总量指标显著为正，而在非国有企业组中则未通过显著性检验，可能的原因在于，与非国有企业相比，我国的信贷配给制度使得国有企业更易于得到充足的信贷资本；而信贷违约风险指标在国有企业组与非国有企业组中都显著为负，说明我国信贷市场的风险对国有企业与非国有企业的负债融资规模都产生显著的负面影响。从股票市场的回归结果来看，股票市场总市值指标和股票市场收益率波动指标在国有企业组与非国有企业组中都未通过显著性检验，说明股票市场发展对我国国有企业与非国有企业的负债融资规模都没有显著的影响。

表6–8 宏观经济环境影响企业负债融资规模、负债期限期限的分组回归结果

变量	$DEBT_{i,t}$		$DEBTTS_{i,t}$	
	国有	非国有	国有	非国有
	(1)	(2)	(3)	(4)
GDP_t	1.6490*** (4.63)	8.0755*** (6.03)	0.2322* (1.83)	0.0222* (1.73)
MON_t	0.1076 (1.15)	3.4337*** (2.94)	0.0214 (0.32)	0.0194 (0.22)
FE_t	0.8908*** (2.88)	0.3096 (0.87)	0.0137*** (3.35)	0.0921 (1.77)
$LOAD_t$	0.1774*** (2.01)	0.8777 (0.90)	0.0993*** (4.51)	0.0772 (0.88)
$DEFAULT_t$	-0.1672*** (-3.18)	-0.9073*** (-4.97)	-0.0159* (-1.88)	-0.0123* (-1.94)
$STOCK_t$	-0.0373 (-1.31)	-0.0139* (-1.85)	0.0133 (1.38)	0.0355 (0.21)
SR_t	-0.0040 (-0.14)	-0.1340* (-1.25)	-0.0194 (-0.30)	-0.0157 (-0.64)
$Grow_{i,t-1}$	0.0398*** (19.01)	0.1118*** (75.73)	0.0097*** (11.78)	0.0003* (1.99)

第六章 宏观经济环境影响我国企业负债融资的实证研究

续表

变量	$DEBT_{i,t}$		$DEBTTS_{i,t}$	
	国有	非国有	国有	非国有
	(1)	(2)	(3)	(4)
$Size_{i,t-1}$	0.0227*** (3.42)	0.1341*** (7.52)	0.0351*** (15.69)	0.0260*** (12.06)
$Tang_{i,t-1}$	-0.6815** (-2.20)	-1.5847*** (-7.10)	-0.1068*** (-4.19)	-0.1349*** (-4.84)
$Profit_{i,t-1}$	-0.4522*** (-20.71)	-0.2136*** (-35.04)		
Industry	控制	控制	控制	控制
N	4858	2478	4858	2478
调整后 R^2	0.6788	0.6994	0.2119	0.2604
Hausman 检验	103.70 (0.0000)	181.42 (0.0000)	5.51 (0.0038)	17.74 (0.0878)

注：*表示通过10%显著性水平检验。**表示通过5%显著性水平检验。***表示通过1%显著性水平检验。

为验证对负债期限结构所产生的差异化影响，将全样本按企业性质分为国有企业与非国有企业两组，分别进行实证分析，回归结果如表6-8中的式（3）和式（4）所示。对比分组检验结果，从经济周期的回归结果来看，在国有企业组和非国有企业组中都显著为正，说明经济周期的扩张对我国国有企业与非国有企业的长期负债比例都具有显著的正面效应。从货币政策的回归结果来看，在国有企业组与非国有企业组中货币政策变量都不显著，与全样本的回归结果一致。从财政政策的回归结果来看，在国有企业组中财政政策在1%的水平上显著为正，而在非国有企业组中在10%的水平上显著为正，可能的原因在于，与非国有企业相比，国有企业由于政府的干预在扩张性财政政策中得到更多的投资机会，改善了企业对未来的预期，因此扩张性财政政策对我国国有企业长期负债偏好的刺激效应更为显著。从信贷市场的回归结果来看，在国有企业组中信贷资本总量指标显著为正，而在非国有企业组中则未通过显著性检验，可能的原因在于，与非国有企业相比，我国的信贷配给制度使国有企业得到更多的长期信贷资本；而信贷违约风险指标在国有企业组与非国有企业组中都显著为负，与全样本的估计结果一致。从股票市场的回归结果来看，股票市场总市值指标和股票市场收益率波动指标在国有企业组与非国有企业组中都未通过显著性检验，再次证明了全样本得出的结论。

五、本章小结

本章主要研究宏观经济环境对我国企业负债融资规模与负债期限结构的影响，从经济周期、经济政策（货币政策和财政政策）、资本市场（信贷市场和股票市场）三个维度刻画我国企业负债融资行为所面临的宏观经济环境，结合我国特殊的制度背景进行理论分析，并以2001～2015年中国上市公司的经验数据为样本进行实证分析。所得出的主要结论如下：第一，经济周期的上行可以促进我国企业负债融资规模的扩大，并有利于长期负债比例的提高。第二，扩张性货币政策与财政政策都能促进我国企业负债融资规模的扩大，但只有扩张性财政政策有利于长期负债比例的提高，而扩张性货币政策对负债期限结构的影响并不显著。第三，信贷市场扩张能够促进我国企业的负债融资规模扩大，并有利于长期负债比例的提高，但股票市场发展对我国企业负债融资规模、负债期限结构的影响都不显著。第四，宏观经济环境对我国国有企业与非国有企业负债融资决策所产生的影响具有显著差异。

本章的研究，首先在宏观层面上，对宏观经济环境作用于我国企业负债融资决策的微观传导途径提供一定的经验证据，同时对国家通过宏观经济环境因素调控企业负债融资的政策有效性提供一定的决策依据；其次在

第六章 宏观经济环境影响我国企业负债融资的实证研究

微观层面上,为企业根据自身特征准确把握并合理应对宏观经济因素的变动,选择适度的负债融资规模与最优的负债期限结构,提供一定的决策参考;最后结合我国经济转轨时期的制度背景,考虑我国经济发展中与西方发达国家不同的政府干预程度,研究宏观经济环境中各个因素对我国企业负债融资决策微观传导途径的特殊之处,从宏观经济环境视角拓宽了企业负债融资规模与负债期限结构影响因素的研究范畴。

第七章
宏观经济环境下负债融资对企业投资行为影响的实证研究

  基于第三章的基本理论分析和第四章的制度背景分析，本章重点考察宏观经济环境下负债融资对企业投资行为的影响。延续上两章中研究宏观经济环境对我国企业投资行为和负债融资影响时所采用的实证分析方法，本章在研究负债融资对我国企业投资效率影响的基础上，重点从宏观经济环境视角，研究宏观经济环境对负债融资与企业投资效率关系所产生的调节效应。一方面，证明投资效率作为企业投资行为的经济后果会受到企业负债融资的显著影响；另一方面，说明宏观经济环境能够显著影响企业的负债治理机制，进而间接的影响企业的投资效率，即对负债融资与企业投资效率的关系产生调节效应。至此，本章与第五章、第六章共同构成本文关于宏观经济环境、负债融资和企业投资行为三者之间关系的实证分析。

一、问题的提出

  "杠杆"一般是指经济实体通过对外借债，以较小规模的自有资金撬动大量资金、扩大生产经营规模的行为。这种方式在满足投资收益率大于

第七章 宏观经济环境下负债融资对企业投资行为影响的实证研究

利息率前提下,不仅能够满足企业资金不足的需求,还能为企业带来放大投资收益的杠杆优势。美国次债危机爆发后,引发全球性的经济衰退。具体到我国而言,为应对经济危机,2008年我国推出大规模的刺激经济政策,由此进入以高负债为主要特征的加杠杆周期。在此期间,我国非金融企业的杠杆率出现大幅上升,2008～2014年的平均增幅为58.1%。截至2015年末,我国非金融企业平均杠杆率高达115%,远高于发达国家,同时债务总额占GDP的比例为144%,远高于国际警戒线。由此可见,近年来我国非金融企业的高杠杆化运行特征明显,存在严重的过度举债隐患,开始引起越来越多国内学者的关注。

在完备市场假设下,企业的投资决策仅与投资机会有关,而与融资方式无关(Modigliant et al., 1958)。由于现实市场中,信息不对称、代理冲突、融资约束等不完备因素的存在,企业的负债比例会直接影响企业的投资决策,导致企业实际投资规模与最优投资规模发生偏离,进而出现投资不足或者投资过度的非效率投资状况。国外学者很早就开始关于负债融资对企业投资效率影响的研究,主要包括两个方面。一方面,从代理冲突理论出发,负债所产生的股东—债权人代理冲突往往导致股东或者经理人做出损害债权人利益的投资决策,进而造成投资扭曲现象的发生(Jensen, 1976; Myers, 1977)。另一方面,从相机治理理论出发,负债可以通过债权人对经理人的监督管理降低股东—经理人冲突引起的代理成本,进而有效抑制经理人做出损害股东权益的投资决策(Jensen, 1986; Heinkel & Zechner, 1990)。综上所述,负债融资对企业投资决策的影响具有两面性,在研究中判断哪种理论适用于负债融资与企业投资效率之间的关系就成为研究的难点,这也导致国外关于两者关系的实证研究结论并不一致。

现实中,企业的投融资行为不仅与企业内部因素密不可分,还受企业外部环境因素的影响,因而宏观经济环境是研究负债融资对企业投资效率影响时不能忽视的重要因素(杨华军和胡奕明,2007)。我国现今仍处于经济转轨时期,市场化程度与发达国家相比仍存在较大差异,以发达国家成熟经济环境为背景得出的关于负债融资与企业投资效率关系的研究结论并不一定适用于我国。特别是不够完善的法律保障制度，导致债权人利益无法得到有效的保障，可能会直接影响负债融资对我国企业投资效率的作用机制。基于此，我们结合我国的制度背景探讨"高杠杆化"负债融资对企业投资效率的影响，并考虑宏观经济环境因素对两者关系所产生的调节作用，就具有非常重要的现实意义。

本章以2001~2015年我国非金融类上市公司的年度数据为样本，实证研究负债融资对我国企业投资效率的影响，并重点考虑宏观经济经济环境对负债融资与企业投资效率关系的调节效应。本章的研究意义主要体现在：第一，结合我国特殊的制度背景通过理论和实证分析检验了负债融资与企业投资效率之间的倒"U"形非线性关系，为深入理解去杠杆作用于企业投资行为的微观经济后果提供了重要的经验证据；第二，通过进一步的影响机制研究，证明融资约束程度、投资过度或不足的差别都是造成负债融资与企业非效率投资之间呈非线性关系的重要原因，有助于深入剖析负债融资影响企业投资效率的作用机制；第三，区分债务期限，考虑产权性质差异，揭示长期与短期负债、国有与非国有企业负债对企业投资效率所产生的差异化影响，完善负债融资影响投资效率的理论研究；第四，进一步研究了宏观环境因素对负债融资与企业投资效率关系的调节效应，拓宽了关于负债融资对企业投资效率的影响在外部约束条件方面的相关研究，也为政府在合理"去杠杆"过程中相关政策的制定提供一定的决策参考。

二、理论分析和研究假设

（一）负债融资与企业投资效率

国外学者关于负债融资对企业投资效率影响的分析大多基于预算硬约

第七章 宏观经济环境下负债融资对企业投资行为影响的实证研究

束的前提,而成熟的西方市场也基本满足预算硬约束的条件;反之,我国仍处于经济转轨时期,预算软约束特征明显。一方面,资本市场仍在一定程度上受到政府的干预,没有实现完全的市场化;另一方面,破产机制不健全,陷入财务困境的企业很少直接破产,而是选择资产重组、债务剥离等替代方式。另外,政府出于稳定经济、扩大就业等宏观目标,往往对国有企业存在偏爱,一旦国有企业因经营不善面临破产时,政府会通过追加投资、减税等多种补贴方式,尽量保证其免于破产危机。从我国的制度背景分析,债权人和企业之间呈现明显的预算软约束特征,债权治理机制的作用有限,国外的相关结论并不一定适用于我国(陈艳等,2016)。

权衡理论认为,适当的负债会为企业带来税收收益,而随着负债融资的上升,企业的破产成本也随之加大,因此存在一个最优负债融资比例(Miller & Modiglian,1967)。基于此我们认为,负债融资与我国企业投资效率之间并不是简单的线性关系。一方面,目前我国金融市场的发展水平依然落后于西方发达国家,企业的外部融资途径相对单一,银行在金融市场中依然处于主导地位,导致融资约束现象在我国企业中普遍存在。(Fazzan et al.,1988)提出的融资约束理论认为,在不对称信息条件下,企业所受到的融资约束会迫使其放弃净现值为正的投资机会,从而造成投资不足。因此,当企业的负债水平较低时,负债融资作为一种外部融资方式,可以有效缓解企业的融资约束,抑制投资不足,提高企业的投资效率。另一方面,现阶段,我国投机型、粗放型等发展模式的盛行,地方官员的干预,经理任命机制等因素的影响,都为企业选择高债务杠杆提供了更多的激励。随着企业负债水平的不断提高,还本付息压力随之增加,导致负债融资对企业融资约束的缓解效应趋于减弱,同时过高的杠杆会激发股东侵占债权人利益的倾向,使其热衷于投资高风险高收益的项目,进而导致投资过度。加之,我国对债权人的保护机制并不健全,还可能滋生管理者的腐败行为(张亦春等,2015)。因而,当企业的负债融资水平过高时会激励过度投资,进而降低投资效率。基于此,我们提出以下假设。

H1:负债融资与企业的投资效率之间呈倒"U"形的非线性关系。

（二）宏观经济环境因素的调节效应

1. 经济周期的调节效应

在经济周期上行阶段，企业的盈利水平上升，经营风险减小，同时负债融资成本下降，信贷资本的可得性提高，企业具备提高其负债融资水平的需求与可能（Korajczyk & Levy，2003）。但考虑我国的制度背景，经济周期上行阶段中选择高负债融资运营的企业，不一定有利于其投资效率的提高。一方面，基于管理者行为理论，繁荣的宏观经济环境容易导致经理人的盲目乐观自信，导致债务激进行为的频发，进一步扭曲企业的投资决策，降低投资效率；另一方面，我国普遍存在预算软约束，加之债权人保护机制的缺失，债务治理机制的有效性受到明显抑制，而在经济周期上行阶段，对未来经济的良好预期，进一步削弱银行等金融机构对企业投资行为进行监管的动力（李彬，2013）。反之，在经济周期下行阶段，企业进行负债融资的门槛与成本增加，企业面对来之不易的信贷资本，会更慎重地做出投资决策，避免非效率投资行为的出现，同时银行等金融机构考虑企业经营与财务风险的增加，会主动加强对授信企业的监管。基于以上分析，我们提出以下假设。

H2：相对于经济周期下行阶段，经济周期上行阶段中负债融资的增加更容易降低企业的投资效率。

2. 宏观经济政策的调节效应

（1）货币政策。货币政策的微观传导途径一般分为利率渠道、资产价格渠道和信贷渠道，由于我国的利率市场化改革还处于起步阶段，金融市场的不完全竞争特征明显，因而信贷渠道成为货币政策传导的主要渠道（靳庆鲁等，2012）。一方面，在货币政策紧缩时期，货币供应量减少，银行等金融机构的放贷规模随之减少，企业获得信贷资本的难度加大，成本提高；另一方面，货币政策趋于紧缩，企业可抵押资产的价值趋于下降，考虑我国银行等金融机构对企业的贷款大多为抵押贷款，这进一步加剧了企业获得信贷资金的难度（Bernanke & Genler，1995）。但企业在面对紧缩

第七章　宏观经济环境下负债融资对企业投资行为影响的实证研究

性货币政策时，并不是处于完全被动的地位，而是积极制定财务政策，应对融资困境。在此前提下，一方面，高杠杆企业会更加慎重地选择投资机会，减少非效率投资；另一方面，银行也会考虑企业经营风险的加大，加强对授信企业的监督管理。反之，在货币政策宽松时期，高负债融资企业的过度投资行为更为严重，银行对其的监督程度也随着企业经营环境的普遍好转而趋于放松。基于以上分析，我们提出以下假设。

H3a：相对于货币政策紧缩时期，货币政策宽松时期负债融资的增加更容易降低企业的投资效率。

（2）财政政策。财政政策对微观企业投资的影响，一般分为挤出效应和挤入效应两方面。从挤出效应来看，财政扩张引起社会总需求的提高，实际利率的上升，提高了私人投资成本，挤出了部分私人投资。具体到我国而言，利率市场化程度较低，同时货币政策的反向调节有效缓解了利率的上升，所以财政政策的挤出效应并不明显。从挤入效应来看，财政支出的增加带动了社会总需求，从而刺激了私人投资的增加。具体到我国而言，我国的财政投资偏向于产业链较长的项目，在较长时间跨度内对私人投资所产生的刺激作用更为明显（刘扭露，2000）。财政政策的挤入效应除直接的财政支出外，还可以吸引并撬动更多的社会资金，因而在扩张性财政政策条件下，企业往往可以得到更多的信贷资本，提高其负债水平，但此时负债融资的增加，并不一定有利于企业投资效率的提高。我国政府实施的财政政策往往是一种在经济周期下行期比上升期更为积极的"扩张偏向型财政政策"，同时我国大部分企业与地方政府之间都存在着政治关联，因此在经济周期下行时，财政支出扩张加速，地方政府迫于竞争压力加大对企业的干预力度，企业可能被迫提高负债水平，扩大投资，导致企业的非效率投资（方红生和张军，2009）。基于以上分析，我们提出以下假设。

H3b：相对于财政政策收缩时期，财政政策扩张时期负债融资的增加更容易降低企业的投资效率。

3. 资本市场的调节效应

（1）信贷市场。债务契约对企业投资的影响主要通过两种渠道：流动性提供功能以及监督和治理功能（Bacchetta & Camina）。从流动性提供功能来看，信贷市场扩张，企业可以获得更多的信贷资本，缓解融资约束，提高投资效率。考虑到我国的信贷配给制度背景，银行等金融机构在信贷扩张时期依然优先选择国有企业、大规模企业等普遍存在过度投资的企业放贷，进而造成企业越过度投资、越容易获得贷款的非正常现象。对于非国有企业、中小企业而言，信贷市场的扩张，并没有让它们获得更多的信贷资金，其投资不足现象也没有得到应有的改善（张超等，2015）。从监督和治理功能看，信贷扩张时期往往伴随宏观经济环境的趋于好转，信贷规模的扩大以及企业经营和财务状况的改善。一方面，更容易导致管理者的过度自信，投资于高风险高收益的项目；另一方面，相对于信贷紧缩时期，银行等金融机构对授信企业的监管力度会趋于下降，导致债务治理机制在信贷扩张时期的进一步削弱，助长企业的非效率投资行为。基于以上分析，我们提出以下假设。

H4a：相对于信贷市场收缩时期，信贷市场扩张时期负债融资的增加更容易降低企业的投资效率。

（2）股票市场。传统公司财务理论认为，当资本市场完全均衡时，企业的投资行为与股票市场发展无关，但现实中资本市场并非完全有效，因此股票市场的发展就可能影响企业投资。基于托宾Q理论，股票市场的投资效应理论指出，股票市场的繁荣引起股票价格的上扬、企业Q值的上升，投资者对企业前景的预期随之趋于乐观，进而刺激企业加大投资（王奇，2016）。由此可见，股票市场的繁荣可以显著影响企业的投资规模，但对于投资效率的影响呢？一方面，融资约束在我国企业中普遍存在，随着股市准入门槛和股权融资成本的降低，有效缓解了部分企业因融资渠道单一所导致的投资不足现象；另一方面，股票市场的繁荣，推动了资本市场的完善，为企业提供了一种向社会融资的市场机制，进而推动了资本的市场化合理流动，提高了资金的整体配置效率，从而有效抑制了资金向过度投资企业的流动（高敬忠等，2011）。基于以上分析，我们提出以下假设。

H4b：股票市场发展有利于缓解负债融资增加对企业投资效率所造成的负面效应。

三、研究设计

（一）研究样本选取

我们选取沪深两市 A 股上市公司 2001~2015 年共计 15 年的数据为研究样本。我们遵循以下标准对样本进行筛选：①在选取样本企业时剔除 ST、PT 股票，因为这类股票已体现出企业财务状况的异常现象，即无效率经营；②剔除变量的异常值与缺失值；③按照研究惯例删除金融类公司。最终选取在考察期内符合条件并一直存续的样本数为 524 家。我们所使用的数据主要来自于 CCER 和 CSMAR 数据库、国家统计局网站和 2001~2015 年的统计年鉴。另外，考虑到异常值对研究结果稳健性的影响，我们选择对公司层面的连续变量进行上下 1% 的 Winsorize 处理。

（二）基本模型构建

为研究负债融资与我国企业非效率投资之间的关系，我们构建计量模型 (7-1)：

$$EFF_{i,t} = \beta_0 + \beta_1 DEBT_{i,t} + \beta_2 DEBT_{i,t}^2 + \beta_3 Sale_{i,t-1} + \beta_4 Share1_{i,t-1} + \beta_5 ROA_{i,t-1} + Industry + \varepsilon_{i,t} \quad (7-1)$$

模型 (7-1) 中的被解释变量投资效率 (EFF)，我们借鉴 Richardson (2006) 的研究方法，分两步测度企业的投资效率。第一步，利用 Richardson 的资本投资支出模型来估计企业最优的投资支出规模；第二步，用企业的实际投资支出减去模型估计的最优投资支出，所得差额的绝对值表示企业偏离最优投资的程度。一般认为，该值越大表示企业的投资效率越低，即该投资效率指标为反向指标。另外，将其中所得差额为正的一组，定义为投资过度（Over Inv），而所得差额为负的一组，定义为投资不足（Under Inv）。

模型（7-1）中的解释变量企业的负债融资水平（DEBT），选取有息债务比率指标度量。我国企业的商业信用相对分散，期限较短且一般与特定交易联系在一起，导致这类债权人大多处于被动地位，因此我们仅考虑贷款和债券两种方式，其中有息债务＝短期借款＋长期借款＋一年内到期的非流动负债＋应付债券，并利用总资产对其进行标准化处理。模型（7-1）中另一个解释变量（$DEBT^2$）表示企业负债融资的二次项，用来证明负债融资与企业投资效率之间的二次非线性关系，其中负债融资水平的衡量标准与上文一致。对于控制变量（Control），我们参考前人关于投资效率的研究，选择与投资效率相关的企业自身特征变量，包括销售规模（Sale）、第一大股东持股比例（Share1）、资产收益率（ROA）。考虑到不同的行业具有不同的经营特点，行业因素也会影响企业投资，我们还设置了表示行业差异的虚拟变量（Industry）。另外，在模型（7-1）中，i、t分别表示企业与年代，$\varepsilon_{i,t}$为随机扰动项。

（三）进一步考虑宏观经济环境因素的模型构建

为分析宏观经济环境因素对负债融资和投资效率之间相互关系的调节效应，我们构建计量模型（7-2）：

$$EFF_{i,t} = \beta_0 + \beta_1 DEBT_{i,t} + \beta_2 GDP_t + \beta_3 MON_t + \beta_4 FE_t + \beta_5 LOAD_t +$$
$$\beta_6 STOCK_t + \beta_7 DEBT_{i,t} \times GDP_t + \beta_8 DEBT_{i,t} \times MON_t + \beta_9 DEBT_{i,t} \times FE_t +$$
$$\beta_{10} DEBT_{i,t} \times LOAD_t + \beta_{11} DEBT_{i,t} \times STOCK_t + \beta_{12} Sale_{i,t-1} + \beta_{13} Share1_{i,t-1} +$$
$$\beta_{14} ROA_{i,t-1} + Industry + \varepsilon_{i,t} \qquad (7-2)$$

我们在模型（7-1）的基础上，分别加入经济周期变量（GDP）、货币政策变量（MON）、财政政策变量（FE）、信贷市场扩张变量（LOAD）与股票市场发展变量（STOCK）以及它们分别与负债融资的交叉项

第七章 宏观经济环境下负债融资对企业投资行为影响的实证研究

($DEBT \times GDP$)($DEBT \times MON$)($DEBT \times FE$)($DEBT \times LOAD$)($DEBT \times STOCK$)，构建模型(7-2)。其中，经济周期变量（GDP）选用常见指标GDP增长率衡量；货币政策（MON）借鉴Kashyap等（1993）的做法，选择实际货币供应量指标衡量，即$M2$增长率减去GDP增长率，再减去居民消费物价指数增长率后所得的差；财政政策（FE）一般包括税收和财政支出两方面，由于考察期内我国税法规定的公司所得税率基本未发生变化（或者变化幅度太小），因此，我们选择财政支出增长率指标作为我国财政政策的代理变量；信贷市场（$LOAD$），因为我国一直实行利率管制政策，利率指标不能反映企业真实的信贷成本，同时我国信贷市场中的资本总额受到中央银行的严格控制，各种金融机构的贷款总量指标更能反映在我国特殊的信贷配给制度下企业的真实信贷成本，因此本文用信贷资本总量衡量信贷市场的扩张程度，并对其进行标准化处理；股票市场（$STOCK$），借鉴刘思佳（2010）的研究，采用上海与深圳证券市场股票总市值代表股票市场的发展，并用GDP对该指标进行标准化处理。

四、实证检验

（一）描述性统计与多重共线性检验

表7-1报告了公司层面主要变量的描述性统计。可以看出，企业投资效率（EFF）的最小值和最大值分别为0.0001和0.5327，说明样本企业之间的投资效率差异较大，这为我们的研究创造了较好的条件，而负债融资（$DEBT$）的均值高达63.39%，说明高负债融资运行在我国企业中普遍存在，我们的研究是具有现实意义的。同时，从表7-1中还可以看到，投资过度（$Over\ Inv$）的最大值、均值和样本数都大于投资不足（$Under$

Inv),这也符合我国企业投资行为中过度投资更为严重的现状。另外,从表7-1中有关债权期限的数据来看,短期负债融资($SDEBT$)的均值和最大值均大于长期负债融资($LDEBT$),这也符合我国"短贷长投"普遍存在的特殊现象。

表7-1 公司层面变量的描述性分析

变量	均值	方差	最小值	最大值
EFF	0.0292	0.0354	0.0001	0.5327
$Over\ Inv$	0.0363	0.0502	0.0050	0.5327
$Under\ Inv$	0.0241	0.0195	0.0050	0.0294
$DEBT$	0.2439	0.1963	0.0000	3.3543
$LDEBT$	0.0970	0.1315	0.0000	3.0489
$SDEBT$	0.3108	0.2143	0.0000	5.3377
$Sale$	20.7838	2.2838	0.0000	26.1282
$Share1$	0.6622	0.4730	0.0000	1.0000
ROA	0.0282	0.1413	-1.6806	7.1089

因为我们所设定的模型(7-1)中既包括公司层面的变量,也包括宏观层面的变量,因此我们分别针对公司层面和宏观层面变量之间的相关性进行检验,结果如表7-2和表7-3所示。从表7-2的检验结果可知,各公司层面变量之间的相关系数较低,不存在严重的多重共线性问题。另外,各控制变量均与被解释变量企业非效率投资显著相关,说明我们在控制变量上的设置是有意义的。从表7-3的检验结果可知,各宏观层面变量之间的相关系数较低,不存在严重的多重共线性问题,初步证明了调节变量设置的合理性。

(二)多元回归结果与分析

我们采用面板数据进行回归分析,并依据Hausman检验的结果选择固定效应模型进行实证分析。

表7-2 公司层面变量的相关系数

变量	EFF	DEBT	DEBT^2	Sale	Share1	ROA
EFF	1					
DEBT	-0.0302**	1				
DEBT^2	0.0637***	0.5199***	1			
Sale	0.0516***	0.0479	0.0139	1		
Share1	0.2133*	-0.0297	-0.0154	-0.0027	1	
ROA	0.0531***	-0.1963***	-0.1511	0.0824***	0.0095	1

注：*表示通过10%显著性水平检验。**表示通过5%显著性水平检验。***表示通过1%显著性水平检验。

表7-3 宏观层面变量的相关系数

变量	GDP	MON	FE	LOAD	STOCK
GDP	1				
MON	0.5616**	1			
FE	0.3121	0.42263	1		
LOAD	-0.5550**	-0.4490***	-0.2064	1	
STOCK	0.4725*	0.1018	0.0408	-0.0987	1

注：*表示通过10%显著性水平检验。**表示通过5%显著性水平检验。***表示通过1%显著性水平检验。

表7-4中式（1）表示的是控制变量与企业投资效率的回归结果，与前人的相关实证研究结果基本一致。式（2）引入解释变量负债融资（DEBT），回归结果显示其显著为负，说明负债融资是影响企业投资效率的重要因素。式（3）在式（2）的基础上引入解释变量负债融资的二次项（DEBT^2），回归结果显示其显著为正，说明负债融资与企业投资效率之间存在非线性关系，这种非线性关系大致呈倒"U"形，我们提出的H1得到支持。此外，为稳定起见，将解释变量负债融资（DEBT）进行指标替

换，选用常见指标资产负债率（$DEBT'$）衡量，重复上述回归，估计结果如表7-4中的式（4）和式（5）所示，研究结果并没有发生显著差异。

表7-4 负债融资影响企业投资效率的面板估计结果

变量	$EFF_{i,t}$				
	（1）	（2）	（3）	（4）	（5）
$DEBT_{i,t}$		-0.0072** (-13.64)	-0.0093*** (-3.95)		
$DEBT_{i,t}^2$			0.0227*** (5.60)		
$DEBT'_{i,t}$				-0.0067** (-2.67)	-0.0051* (-1.93)
$DEBT'^2_{i,t}$					0.0019** (2.06)
$Sale_{i,t-1}$	0.0169** (2.10)	0.0171*** (2.13)	0.0126 (1.56)	0.0135*** (4.79)	0.0146*** (4.89)
$Share1_{i,t-1}$	0.0158*** (5.83)	0.0153*** (5.55)	0.0177*** (6.38)	0.0186** (2.31)	0.0250*** (3.05)
$ROA_{i,t-1}$	-0.0011** (-1.98)	-0.0010* (-1.76)	-0.0012** (-2.15)	-0.0069*** (-13.00)	-0.0066*** (-11.98)
Industry	控制	控制	控制	控制	控制
N	7336	7336	7336	7336	7336
调整后 R^2	0.1139	0.1138	0.1212	0.1147	0.1145
Hausman 检验	89.53 (0.0000)	103.59 (0.0000)	92.23 (0.0000)	89.24 (0.0000)	82.61 (0.0000)

注：*表示通过10%显著性水平检验。**表示通过5%显著性水平检验。***表示通过1%显著性水平检验。

（三）有关影响机制的进一步研究

以上研究结果表明，债务杠杆与企业投资效率之间呈显著的倒"U"

形非线性关系，那么进一步的问题就是，为什么两者之间的关系呈现显著的倒"U"形非线性关系？我们尝试从运行机制出发，提供相关原因的进一步证据。

首先，借鉴张杰等（2012）的两阶段方法，得到融资约束指数，按照融资约束指数大小，将样本分为融资约束较强和较弱两类，分别进行上述回归，结果如表 7-5 中的式（1）和式（2）所示。两组中负债融资（$DEBT$）的回归结果都显著为负，而负债融资的二次项（$DEBT^2$）只有在融资约束较弱组中显著为正，在融资约束较强组中则不显著。这一实证结果支持我们在前文分析中提出的融资约束影响机制假设，即融资约束较弱的企业中负债融资的增加刺激企业的过度投资，而融资约束较强的企业中负债融资的增加可以有效缓解融资约束，提高企业的投资效率。

其次，将样本分为投资不足和投资过度两类，分别进行上述回归，结果如表 7-5 中的式（3）和式（4）所示。两组中负债融资（$DEBT$）的回归结果都显著为负，而负债融资的二次项（$DEBT^2$）只有在投资过度组中显著为正，在投资不足中则不显著。这一实证结果支持债务杠杆对投资不足与投资过度的分类影响机制，即投资过度企业中过高的负债融资属于激进的财务规划，扩大了企业的财务风险，不利于企业投资效率的提高，而投资不足企业中负债融资的提高则属于积极的财务规划，利于企业投资效率的提高。

（四）考虑债务期限和产权性质的进一步研究

首先，基于债务期限理论，在信息不对称条件下，短期负债融资可以向外界传递关于企业质量预期的积极信号，同时债权人和债务人的频繁接触有利于债务人对企业行为的监管，因此相对于长期负债融资，短期负债融资更能缓解代理冲突，减少企业的非效率投资，但我们认为这一结论并不适用于我国的制度背景。基于期限配备理论，与短期信贷资本相比，长期信贷资产与企业的投资更为配备。加之，我国的金融抑制程度较高，企业往往被迫利用短期信贷资金支持长期投资活动，因而我国企业的"短贷

表7-5 进一步分类分析的面板估计结果

变量	(1) 融资约束较强	(2) 融资约束较弱	(3) 投资不足	(4) 投资过度	(5) 长期负债	(6) 短期负债	(7) 国有企业	(8) 非国有企业
				$EFF_{i,t}$				
$DEBT'_{i,t}$	-0.0010* (-1.79)	-0.0124*** (-3.66)	-0.0020*** (-10.79)	-0.0746*** (-4.13)			-0.0525*** (-7.11)	-0.0173* (-2.07)
$DEBT^{'2}_{i,t}$	0.0015 (0.93)	0.0155*** (5.63)	00004 (0.70)	0.0917*** (3.66)			0.0163*** (3.26)	0.0055 (1.31)
$LDEBT'_{i,t}$					-0.0163*** (-2.86)			
$LDEBT^{'2}_{i,t}$					0.0047 (1.13)			
$SDEBT'_{i,t}$						-0.0083** (-2.18)		
$SDEBT^{'2}_{i,t}$						0.0189** (2.34)		

第七章 宏观经济环境下负债融资对企业投资行为影响的实证研究

续表

变量	$EFF_{i,t}$							
	(1) 融资约束较强	(2) 融资约束较弱	(3) 投资不足	(4) 投资过度	(5) 长期负债	(6) 短期负债	(7) 国有企业	(8) 非国有企业
$Sale_{i,t-1}$	0.0139* (1.69)	0.0097 (1.17)	0.0087** (2.57)	0.00017 (0.03)	0.0152*** (5.63)	0.0071*** (13.62)	0.0170 (1.24)	0.0001 (0.19)
$Share1_{i,t-1}$	0.0152*** (5.53)	0.0010* (1.70)	0.0014** (2.35)	0.0561** (2.58)	0.0181** (2.25)	0.0139*** (5.02)	0.0187* (2.46)	0.0209*** (4.99)
$ROA_{i,t-1}$	-0.0069*** (-12.90)	-0.0065*** (-11.82)	-0.0007 (-0.57)	-0.0147*** (-7.14)	-0.0066*** (-11.81)	-0.0011* (-1.96)	-0.0011 (-1.29)	-0.0013* (-1.69)
Industry	控制	控制	控制	控制	控制	控制	控制	控制
N	7336	7336	3132	4204	7336	7336	4858	2478
调整后R^2	0.1145	0.1160	0.1455	0.1109	0.1109	0.1170	0.1005	0.1085
Hausman 检验	94.06 (0.0000)	81.94 (0.0000)	30.13 (0.0000)	73.68 (0.0000)	176.84 (0.0000)	106.76 (0.0000)	152.50 (0.0000)	26.29 (0.0002)

注：* 表示通过10%显著性水平检验。** 表示通过5%显著性水平检验。*** 表示通过1%显著性水平检验。

长投"更倾向于一种替代性融资方式,而非主动的财务优化选择。基于此,我们认为与长期负债融资相比,短期负债融资水平的提高更不利于企业投资效率的提高。我们将解释变量分别定义为长期负债融资和短期负债融资两类,分别进行上述回归,结果如表7-5中的式(5)和式(6)所示。对于长期负债融资($LDEBT$)其一次项回归结果显著为负,而二次项($LDEBT^2$)回归结果则并不显著。对于短期负债融资($SDEBT$)其一次项回归结果显著为负,而二次项($SDEBT^2$)回归结果则显著为正,这一实证结果也印证了上文的分析。

其次,由于我国产权性质不同企业所受到的融资约束程度差异巨大。对非国有企业而言,外部融资途径单一,融资约束现象严重,往往导致投资不足。对于国有企业而言,凭借其与国有银行的天然联系可以以更低的成本得到更多的信贷资本,而高管委派制和预算软约束体制更是激励国有企业的过度投资行为。基于此,我们认为非国有企业负债融资的增加,满足了其资金需求,提高了投资效率,而国有企业的高负债融资则刺激了过度投资,降低了投资效率。我们将样本分为国有企业和非国有企业两类,分别进行上述回归,结果如表7-5中的式(7)和式(8)所示。两组中负债融资($DEBT$)的回归结果都显著为负,而负债融资的二次项($DEBT^2$)只有在国有企业组中显著为正,在非国有企业组中则不显著,这一实证结果也印证了上文的分析。

(五)宏观经济环境因素的调节效应

首先,对于经济周期因素的调节效应,估计结果如表7-6的式(1)所示。回归结果显示,负债融资和经济周期变量的交互项($DEBT \times GDP$)显著为正,这一结果表明与经济周期下行阶段相比,经济周期上行阶段中的负债融资更容易降低企业的投资效率,我们提出的H2得到有效支持。其次,对于宏观经济政策因素,其中货币政策因素的调节效应,估计结果如表7-6的式(2)所示,负债融资和货币政策的交互项($DEBT \times MON$)显著为正,这一结果表明与货币政策紧缩时期相比,货币政策宽松时期的

第七章 宏观经济环境下负债融资对企业投资行为影响的实证研究

负债融资更容易降低企业的投资效率,我们提出的 H3a 得到有效支持;其中财政政策因素的调节效应,估计结果如表 7-6 的式(3)所示,负债融资和财政政策的交互项($DEBT \times FE$)并不显著,我们提出的 H3b 未得到有效支持,可能的原因在于,近年来我国政府直接利用财政政策干预经济运行的力度越来越小,同时也减少了对微观企业投资决策的干预。最后,对于资本市场因素,其中信贷市场因素的调节效应,估计结果如表 7-6 的式(4)所示,负债融资和信贷市场的交互项($DEBT \times LOAD$)显著为正,这一结果表明与信贷市场收缩时期相比,信贷市场扩张时期的负债融资更容易降低企业的投资效率,我们提出的 H4a 得到有效支持;其中股票市场因素的调节效应,估计结果如表 7-6 的式(5)所示,负债融资和股票市场的交互项($DEBT \times STOCK$)并不显著,我们提出的 H4b 未得到有效支持,可能的原因在于我国的股票市场发展相对滞后,股票市场发展与企业负债融资的联动效应并不显著。

表 7-6 宏观经济环境调节效应的面板估计结果

变量	$EFF_{i,t}$				
	(1)	(2)	(3)	(4)	(5)
$DEBT_{i,t}$	-0.0069*** (-12.52)	-0.0068*** (-12.72)	-0.0072*** (-13.26)	-0.0067*** (-12.09)	-0.0072*** (-13.68)
GDP_t	0.0016*** (3.30)				
$DEBT_{i,t} \times GDP_t$	0.0254* (1.95)				
MON_t		0.0853*** (3.61)			
$DEBT_{i,t} \times MON_t$		0.0358* (1.69)			
FE_t			0.0603*** (4.06)		

续表

变量	$EFF_{i,t}$				
	(1)	(2)	(3)	(4)	(5)
$DEBT_{i,t} \times FE_t$			0.0012 (0.13)		
$LOAD_t$				0.0119*** (3.25)	
$DEBT_{i,t} \times LOAD_t$				0.0408*** (3.02)	
$STOCK_t$					0.0006* (1.82)
$DEBT_{i,t} \times STOCK_t$					-0.0001 (0.01)
$Sale_{i,t-1}$	0.0293*** (3.36)	0.0162** (2.02)	0.0115 (1.41)	0.0087 (1.05)	0.0156* (1.93)
$Share1_{i,t-1}$	0.0147*** (5.31)	0.0162*** (5.85)	0.0173*** (6.19)	0.0168*** (6.03)	0.0151*** (5.45)
$ROA_{i,t-1}$	-0.0009 (-1.56)	-0.0010 (-1.64)	-0.0010* (-1.76)	-0.0010* (-1.75)	-0.0011* (-1.81)
Industry	控制	控制	控制	控制	控制
N	7336	7336	7336	7336	7336
调整后 R^2	0.1136	0.1163	0.1185	0.1187	0.1140
Hausman 检验	97.19 (0.0000)	141.64 (0.0000)	98.99 (0.0000)	93.05 (0.0000)	96.44 (0.0000)

注：*表示通过10%显著性水平检验。**表示通过5%显著性水平检验。***表示通过1%显著性水平检验。

为稳定起见，将解释变量债务杠杆（DEBT）进行指标替换，选用常见指标资产负债率（DEBT'）衡量，重复上述的回归检验，估计结果如表7-7所示，研究结果并没有发生显著差异。

第七章 宏观经济环境下负债融资对企业投资行为影响的实证研究

表7-7 宏观经济环境调节效应的稳定性估计结果

变量	$EFF_{i,t}$				
	(1)	(2)	(3)	(4)	(5)
$DEBT'_{i,t}$	-0.0076*** (-2.93)	-0.0066** (-2.55)	-0.0096*** (-3.45)	-0.0123*** (-3.43)	-0.0068*** (-2.69)
GDP_t	0.0010* (1.83)				
$DEBT'_{i,t} \times GDP_t$	0.070*** (13.05)				
MON_t		0.0594** (2.50)			
$DEBT'_{i,t} \times MON_t$		0.0065*** (11.57)			
FE_t			0.0249* (1.93)		
$DEBT'_{i,t} \times FE_t$			0.0085 (0.86)		
$LOAD_t$				-0.0136*** (-4.00)	
$DEBT'_{i,t} \times LOAD_t$				0.0271* (1.78)	
$STOCK_t$					0.0006* (1.84)
$DEBT'_{i,t} \times STOCK_t$					-0.0008 (-0.39)
$Sale_{i,t-1}$	0.0174** (2.15)	0.0243*** (2.96)	0.0143* (1.75)	0.0271 (1.19)	0.0006* (1.84)
$Share1_{i,t-1}$	0.0130*** (4.59)	0.0127*** (4.48)	0.0138*** (4.87)	0.0133*** (4.70)	0.0132*** (4.65)
$ROA_{i,t-1}$	-0.0007 (-1.14)	-0.0005 (-0.79)	-0.0051 (-0.84)	-0.0055 (-0.92)	-0.0006 (-1.06)
Industry	控制	控制	控制	控制	控制

续表

变量	$EFF_{i,t}$				
	(1)	(2)	(3)	(4)	(5)
N	7336	7336	7336	7336	7336
调整后 R^2	0.1154	0.1150	0.1161	0.1177	0.1149
Hausman 检验	131.59 (0.0000)	76.84 (0.0000)	75.64 (0.0000)	65.28 (0.0000)	89.45 (0.0000)

注：*表示通过10%显著性水平检验。**表示通过5%显著性水平检验。***表示通过1%显著性水平检验。

五、本章小结

在经济领域，企业负债融资是一把"双刃剑"，适度的杠杆对企业发展有益，但如果杠杆率过高，反而会拖累企业发展。本章以此为背景，研究负债融资对我国企业投资效率的影响，并考虑宏观经济环境对两者关系的调节效应，以我国上市公司的经验数据为样本进行实证分析，得出的主要结论如下：第一，负债融资与我国企业投资效率之间呈现显著的倒 U 型非线性关系。第二，相对于融资约束较强、投资不足的企业而言，融资约束较弱、投资过度的企业中负债融资的增加更容易降低企业的投资效率，从而证明融资约束程度、投资过度或不足的差别都是造成负债融资与企业投资效率之间呈现非线性关系的重要原因。第三，基于债务期限和信贷配给理论，证明长期负债与短期负债、国有企业负债与非国有企业负债对企业投资效率的影响都存在显著的差异。第四，考虑宏观经济环境视角，负债融资的下降对企业投资效率提高的促进作用在经济周期下行、货币政策宽松和信贷市场扩张时期更为显著，而财政政策和股票市场因素的调节效应则不明显。

第八章
结论、建议与展望

一、研究结论

融资与投资是企业最重要的两项基本财务决策。一般认为,融资决策关注的是企业发展过程中的资金来源问题,投资决策关注的是企业资源的有效配置问题,但企业的投资行为必须在融资能力许可的范围内开展,因此企业在进行投资决策时,必须充分考虑自身的融资能力,而负债融资作为企业极其重要的一种外部融资方式,必然会对企业的投资行为产生一定的影响。

目前关于企业负债融资和投资行为的研究,大多基于完美市场假设。在完美市场假设下,外部宏观经济环境因素虽然可以通过市场内化为企业融资状况等直接因素,但宏观经济环境因素本身对企业投融资行为的直接影响较小,导致宏观经济环境因素对企业投融资行为的影响一直被摒弃在微观模型之外。本书认为宏观经济环境作为微观企业行为产生的基本环境,必然会对微观企业的行为产生重要的影响。因此,我们利用理论分析和实证分析相结合的方法,证明宏观经济周期、宏观经济政策和资本市场等宏观经济环境因素都能显著影响我国企业投融资行为的假设，而所得研究结论也基本支持上述假设。

国外关于负债融资对企业投资行为影响的研究大多基于成熟市场背景和预算硬约束的前提，考虑到我国现阶段市场化发展水平相对滞后的现状和预算软约束的特征，国外的相关研究成果并不一定适用于我国。特别是2008年，受全球性经济危机的影响，我国进入以高负债为主要特征的加杠杆周期，非金融企业的高杠杆化运行特征明显，普遍存在严重的过度举债隐患。本书基于此背景，研究我国企业负债融资对企业投资效率的影响，并得出两者之间存在倒"U"形非线性关系的结论，同时基于宏观层面的研究视角，证明了宏观经济环境对两者关系的调节效应，即验证了宏观经济环境通过负债治理机制，间接影响企业投资行为的作用机制。

具体而言，本书所得出的主要研究结论如下。

（1）理论分析中，选取经济周期、货币政策、财政政策、股票市场和信贷市场五个方面的因素，刻画我国企业投融资行为所面临的宏观经济环境，并以宏观经济环境影响微观企业行为的理论机制为基础，构建了一个关于宏观经济环境、负债融资与企业投资行为三者之间关系的理论分析框架；利用理论分析的方法，证明经济周期、货币政策、财政政策、股票市场和信贷市场等宏观经济环境因素对微观企业的投资行为和负债融资都有重要的影响；从代理成本效应和相机治理效应两方面，论述负债融资对企业投资行为所产生的不同影响。

（2）有关宏观经济环境影响我国企业投资行为的实证研究中，通过理论分析推导经济周期、货币政策、财政政策、信贷市场发展和股票市场发展等宏观经济环境因素对我国企业投资规模和投资效率所产生的具体影响，并以2001~2015年我国上市公司的相关数据为样本进行实证分析，所得出的主要结论如下：第一，我国企业的投资规模与投资效率都具有显著的顺周期特征。第二，货币政策的扩张能促进我国企业投资规模的扩大，但不利于我国企业投资效率的提高；财政政策的扩张能促进我国企业投资规模的扩大，但对我国企业投资效率的影响并不显著。第三，信贷市

第八章 结论、建议与展望

场的发展能够促进我国企业投资规模的扩大，但对我国企业投资效率的影响并不显著；股票市场的发展对我国企业投资规模和投资效率的影响都不显著。第四，进一步的分析表明，宏观经济环境对我国不同产权性质企业投资规模与投资效率所产生的影响存在较大差异。

（3）有关宏观经济环境影响我国企业负债融资的实证研究中，通过理论分析宏观经济环境对我国企业负债融资规模与负债期限结构所产生的具体影响，并以2001~2015年中国上市公司的经验数据为样本进行实证分析，得出的主要结论如下：第一，经济周期的上行可以促进我国企业负债融资规模的扩大，并有利于长期负债比例的提高；第二，扩张性货币政策与财政政策都能促进我国企业负债融资规模的扩大，但只有扩张性财政政策有利于长期负债比例的提高，而扩张性货币政策对负债期限结构的影响并不显著；第三，信贷市场发展能够促进我国企业的负债融资规模扩大，并有利于长期负债比例的提高，但股票市场发展对我国企业负债融资规模、负债期限结构的影响都不显著；第四，宏观经济环境对我国国有企业与非国有企业负债融资决策所产生的影响具有显著差异。

（4）宏观经济环境下负债融资对企业投资行为影响的实证研究中，基于企业债务杠杆是一把"双刃剑"的理论背景，研究负债融资对我国企业投资效率的影响，并考察宏观经济环境对两者关系所起的调节效应，得出的主要结论如下：第一，负债融资与我国企业投资效率之间呈现出显著的倒U型非线性关系。第二，相对于融资约束较强、投资不足的企业而言，融资约束较弱、投资过度的企业中负债融资的增加更容易降低企业的投资效率，从而证明融资约束程度、投资过度或不足的差别都是造成负债融资与企业投资效率之间呈现非线性关系的重要原因。第三，基于债务期限和信贷配给理论，证明长期负债与短期负债之间、国有企业负债与非国有企业负债之间，对企业投资效率所产生的影响存在显著差异。第四，考虑宏观经济环境视角，负债融资的下降对企业投资效率提高的促进作用在经济周期下行、货币政策宽松和信贷市场扩张时期更为显著，而财政政策和股票市场因素的调节效应则不明显。

二、政策建议

从上述研究结论中可以看出,宏观经济环境对我国企业的负债融资和投资行为都能够产生显著的影响,因此宏观经济环境的完善对我国企业投资效率与投资决策科学性的提高具有重要的意义。基于此,提出如下政策建议。

(1) 完善与优化我国的宏观经济环境。从本书的研究结果可以看出,外部的宏观经济环境可以显著影响微观企业的行为,因此宏观经济环境的改善与优化,能够间接促进企业内部治理机制更为有效的发挥。例如,宏观经济环境的改善可以有效提高企业的投资效率,抑制管理者的非理性投资决策;宏观经济环境的改善可以为企业内部治理机制作用的有效发挥提供必要的环境与基础的服务,进而充分发挥企业负债融资的相机治理效应等。具体到我国而言,处于经济转轨时期的现状,决定了我国加快宏观经济环境改善的重要性。现阶段,促进经济制度的市场化改革,推进资本市场的法制化进程,不断完善与优化我国的宏观经济环境,都是提高我国企业内部治理机制有效发挥的重要因素。

(2) 强化债权人的约束机制。从本书的研究结果可以看出,负债融资对企业投资行为的作用机理存在一定的"状态依存"现象,即在不同的宏观经济环境中负债融资对企业投资所产生的调节作用有所不同,因此在制定宏观经济政策时,有必要考虑负债融资对企业投资行为的作用机制,强化债权人的约束机制,真正发挥负债对企业投资行为的治理作用。具体到我国企业而言,上市公司的主要债权人是国有银行,债权人的这种国有身份造成企业融资与银行放贷时的非市场化行为,即国有银行对企业行为的约束是软性的,而这种"软约束"是我国负债融资不能充分发挥公司治理机制的主要原因,因此政府应不断推进国有银行的市场化改革,逐步实现债权人对我国企业的硬约束。一方面,应赋予银行更多的自主定价权,促进资金的优化配置,使国有与非国有企业的银行借贷行为都成为一种完全的市场化行为;另一方面,应减少政府对企业投融资行为的直接行政干预,逐步改变其调控手段与方式,由直接向间接转变,最终实现我国债权人对企业投融资行为的"硬约束"。

(3) 增强对经济周期风险的预警与防范。本书的研究结果发现,经济周期是影响企业负债融资和投资行为的宏观经济环境因素之一。我国企业的负债融资比例,从总体看呈现显著的顺周期特征。企业的融资与投资行为紧密相连,而投资又是影响一国经济增长的最重要因素。因此,对于政府而言,在制定相应的宏观经济政策时,必须充分考虑经济周期变化与企业投融资行为之间的双向作用关系,才能确保宏观经济政策的顺利实现;对于企业而言,基于国际金融危机频发和我国大部分企业缺乏经济周期风险意识的现状,企业应加强对经济周期风险的防范意识,采取相应的预警与防范措施,依靠危机管理与战略管理的融合,将经济危机造成的损失降低到最小。

(4) 提高宏观经济政策调控的针对性。本书的研究结果发现,货币与财政政策的实施对不同类型企业的负债融资和投资行为具有不同的影响。一项旨在调控总量的货币或者财政政策可能对一部分企业(如非国有企业)产生强烈的影响,而对另一部分企业(如国有企业)所产生的影响则十分微弱,进而影响了宏观经济政策的调控效果。因此,政府在宏观经济政策的制定与实施过程中,应充分考虑不同类型企业的不同特征,提高宏观经济调控政策的针对性,避免"一刀切"现象的出现。

(5) 构建多层次的资本市场,拓宽企业的融资渠道。从本书所得出的关于信贷市场发展因素的结论来看:一方面,我国信贷市场中对非国有企业一直存在着"信贷歧视"的现象,在非国有经济逐渐成为我国经济重要组成部分的背景下,这种现象严重制约非国有经济的发展,因此政府应逐步减少对银行信贷资金的干预,推进银行的市场化运作进程,实现信贷资源的合理配置；另一方面，我国信贷市场的违约风险日益严重，成为制约我国企业投融资行为的潜在威胁，因此政府在采取扩张性信贷政策以刺激经济发展时，必须时刻关注信贷资金的违约危险，才能保证扩张性信贷政策的实施效果。从本书所得出的关于股票市场发展因素的结论来看，我国的股票市场仍处于初步发展阶段，相关的法律法规不够健全，运行机制也不够规范，加之我国债券市场建设的严重滞后，为企业选择直接融资方式带来重重障碍，特别是对于较难获得贷款支持的非国有企业、中小企业而言，在股票市场融资的可能性更是大大降低，因此推进多层次资本市场体系的构建，拓宽企业的融资渠道，将有效提高我国企业的投资效率。

三、研究展望

本书以宏观经济环境对微观企业负债融资和投资行为的影响为主体展开研究，但碍于笔者的专业知识和研究时间所限，仍存在以下局限，但同时也是未来进一步研究的方向。

（1）由于我国的经济依然处于转轨时期，利率体系还没有实现完全市场化，政府支出占经济总量的比重依然较大，信贷市场还处于逐步完善阶段，股票市场还处于初步发展阶段，不同地区之间的经济和金融发展水平还存在着较大差距。我国经济发展的现状决定我国的宏观经济环境可能比发达国家的宏观经济环境更为复杂和多变，因此我国宏观经济环境对企业负债融资和投资行为的传导机制和具体影响可能比本书研究的更为复杂，这也是我们下一步深入研究的方向。

（2）宏观经济环境与微观企业负债融资和投资行为之间存在复杂的相互作用机制，但有关这方面的研究非常有限，国内外文献并不多见，理论基础也较为薄弱。上述原因导致在研究宏观经济环境对企业负债融资和投

第八章 结论、建议与展望

资行为的影响时，只能依据宏观经济的基本理论和微观企业负债融资、投资行为的经典理论，通过逻辑演绎的方法，初步构建框架式理论分析模型，进而对不同理论假设下宏观经济环境对企业负债融资和投资行为可能产生的具体影响做出相应的逻辑判断。未来的研究应深入挖掘宏观经济环境作用于企业负债融资和投资行为的微观传导途径，着眼于构建研究宏观经济环境与企业负债融资、投资行为之间的数理分析模型，并进行严密的数理分析与证明，从而为相关实证研究的展开提供更为坚实的理论基础。

（3）我国市场化经济制度的改革起步较晚，货币和财政政策真正发挥经济调节作用的时间较短，信贷市场和股票市场的市场化发育迟缓，这就造成我国宏观层面可供研究的时间序列较短，增加了确保所得实证结果稳健性的难度。另外，本书从经济周期、宏观经济政策和资本市场三个维度刻画微观企业投融资行为所面临的宏观经济环境，但宏观经济环境中的各个因素之间（经济周期、货币政策、财政政策、信贷市场、股票市场等）存在着一定的相关性，本书虽然在构建实证研究指标的过程中尽量降低并控制了这种相关性，但不能完全消除。因此，在未来的研究中延长样本的考察期，以得到更为稳定的实证结果，以及如何解决宏观经济环境中各个因素之间相关性的影响，更好地控制与区分宏观经济环境中各个因素对企业投融资行为的具体影响，都是值得深入探讨的方向。

（4）微观企业的负债融资与投资行为之间存在着一定程度的相互影响，这种影响可能导致一定的内生性问题。尽管本书试图利用样本选取、自变量和控制变量滞后一期等方法尽可能地解决这一问题，但这些方法只能对内生性问题起一定的缓解作用，并不能彻底排除内生性的影响。因此，关于内生性问题的解决也是本书未来的研究方向之一。

参考文献

[1] Jensen Michael, William Meckling. Theory of the firm: Managerial behavior, agency costs and ownership structure. Journal of Financial Economics, 1976 (3): 305 – 360.

[2] Jensen Michael. Agency costs of free – cash – flow, corporate finance, and takeovers. American Economic Review, 1986, 76 (2): 323 – 329.

[3] Holmstrom Bengt, Joan Rican I Costa. Managerial incentives and capital management. Quarterly Journal of Economics, 1986, 101 (4): 835 – 860.

[4] M. Baker. Career concerns and staged investment: Evidence from the venture capital industry. Working Paper, Harvard University, 2000.

[5] M. P. Narayanan. Managerial incentives for short – term results. Journal of Finance, 1985, 40 (5): 1469 – 1484.

[6] Lucian Arye Bebchuk, Lars A. Stole. Do short – term objectives lead to under – or over – investment in long – term projects. Journal of Finance, 1993, 48 (2): 1769 – 1803.

[7] Shleifer Andre, Robert W Vishny. Managerial entrenchment: The case of manager – specific investment. Journal of Financial Economics, 1989, 25 (1): 123 – 139.

[8] Thomas H. Noe, Michael J. Rebell. Renegotiation. investment horizons and managerial discretion. Journal of Business, 1997, 70 (3): 385 – 407.

[9] 刘怀珍, 欧阳令南. 经理私人利益与过度投资. 系统工程理论与

实践，2004（10）：44-47.

[10] 柳建华. 多元化投资、代理问题与企业绩效. 金融研究，2009（7）：104-120.

[11] 张兆国，刘亚伟，亓小林. 管理者背景特征、晋升激励与过度投资研究. 南开管理评论，2013，1（4）：32-42.

[12] 罗付岩，沈中华. 股权激励、代理成本与企业投资效率. 财贸研究，2013（2）：146-156.

[13] Sanford J. Grossman, Oliver D. Hart. One share - one vote and the market for corporate control. Journal of Financial Economics, 1988, 20（1）：236-278.

[14] Shleifer Andre, Robert W Vishny. A survey of corporate governance. Journal of Finance, 1997, 52（2）：737-783.

[15] Bebchuk Lucian, Reinier Kraakman, George Triantis. Stock pyramids, cross - ownership and dual class equity: The creation and agency costs of separating control from cash flow rights. Working Paper. National Bureau of Economic Research, Cambridge: 1999.

[16] Rafael La Porta, Florencio Lopez - de - Silanes, Andrei Shleifer. Corporate Ownership Around the World. Journal of Finance, 1999, 54（2）：471-517.

[17] Rafael La Porta, Florencio Lopez - de - Silanes, Andrei Shleifer, Robert Vishny. Investor Protection and Corporate Valuation. Journal of Finance, 2002, 57（3）：1147-1170.

[18] 刘朝晖. 外部套利、市场反应与控股股东的非效率投资决策. 世界经济，2002（7）：71-79.

[19] 唐蓓，潘爱玲，王英英. 控股股东对过度投资影响的实证研究——来自中国上市公司的经验证据. 经济与管理研究，2011（8）：92-98.

[20] 饶育蕾，汪玉英. 中国上市公司大股东对投资影响的实证研究. 南开管理评论，2006（5）：67-73.

[21] 冉茂盛，钟海燕，文守逊，邓流生. 大股东控制影响上市公司投资效率的路径研究. 中国管理科学, 2010 (4)：165-172.

[22] 张翼, 李辰. 股权结构、现金流与资本投资. 经济学, 2005 (4)：229-245.

[23] 窦炜, 刘星, 安灵. 股权集中！控制权配置与公司非效率投资行为——兼论大股东的监督抑或合谋？管理科学学报, 2011 (11)：81-96.

[24] 宋小保. 股权集中, 投资决策与代理成本. 中国管理科学, 2013, 21 (4)：152-161.

[25] Stewart C. Myers, Nicholas S. Majluf. Corporate financing and investment decisions when firms have information that investors do not have. Journal of Financial Economics, 1984, 13 (2)：187-221.

[26] M. P. Narayanan. Debt versus equity under asymmetric information. Journal of Financial and Quantitative Analysis, 1988, 23 (1)：39-51.

[27] Robert Heinkel, Josef Zechner. The role of debt and preferred stock as a solution to adverse investment incentives. Journal of Financial and Quantitative Analysis, 1990, 25 (1)：1-24.

[28] Dwight M. Jaffee, Thomas Russell. Imperfect information, uncertainty, and credit rationing. Quarterly Journal of Economics, 1976, 90 (4)：651-666.

[29] Joseph E. Stiglitz, Andrew Weiss. Credit rationing and markets with imperfect information. American Economic Review, 1981, 71 (3)：393-410.

[30] Robert Lensink, Elmer Sterken. The option to wait to invest and equilibrium credit rationing. Journal of money, credit and banking, 2002, 34 (1)：221-225.

[31] Steven M. Fazzari, R. Glenn Hubbard, Bruce C. Petersen, Alan S. Blinder, James M. Poterba. Financing constraints and corporate investment. Brooking Papers on Economic Activity, 1988 (1)：141-206.

[32] R. Glenn Hubbard, Anil K. Kashyap, Toni M. Whited. Internal fi-

nance and firm investment. Journal of Money, Credit, and Banking, 1995, 27 (3): 683 - 701.

[33] 潘敏, 金岩. 信息不对称、股权制度安排与上市企业过度投资. 金融研究, 2003 (1): 36 - 45.

[34] 欧阳凌, 欧阳令南, 周红霞. 股权制度安排、信息不对称与企业非效率投资行为. 当代经济科学, 2005 (4): 72 - 78.

[35] 肖珉, 任春艳, 张芬芳. 信息不对称、制度约束与投资效率——基于不同产权安排的实证研究. 投资研究, 2014 (1): 24 - 34.

[36] 魏锋, 刘星. 融资约束、不确定性对公司投资行为的影响. 经济科学, 2004 (2): 35 - 43.

[37] 屈文洲, 谢雅璐, 叶玉妹. 信息不对称、融资约束与投资现金流敏感性——基于市场微观结构理论的实证研究. 经济研究, 2011 (6): 105 - 117.

[38] 罗付岩. 信息不对称、银企关系与企业投资效率. 金融经济学研究, 2013 (11): 86 - 98.

[39] Christopher F. Baum, Mustafa Caglayan, Neslihan Ozkan. The second moments matter: The impact of macroeconomic uncertainty on the allocation of loanable funds. Economics Letters, 2009, 102 (2): 87 - 89.

[40] Christopher F. Baum, Mustafa Caglayan, Neslihan Ozkan, Oleksandr Talavera. The impact of macroeconomic uncertainty on non - financial firms' demand for liquidity. Review of Financial Economics, 2006, 15 (4): 289 - 304.

[41] Kyung Hwan Yoon, Ronald A. Ratti. Energy price uncertainty, energy intensity and firm investment. Energy Economics, 2011, 33 (1): 67 - 78.

[42] Hamadi Fakhfakh, Ghazi Zouari, Zouari - Hadiji Rim. Internal capital markets and investment decisions. Corporate Governance, 2012, 12 (2): 179 - 198.

[43] Robert J. Elliott, Hong Miao, Jin Yu. Investment timing under regime switching. Journal of Theoretical & Applied Finance, 2009, 12 (4): 443 - 463.

［44］ Haejun Jeon, Michi Nishihara. Macroeconomic conditions and a firm's investment decisions. Finance Research Letters, 2014, 11 (4): 398 – 409.

［45］ Jarrad Harford, Wayne H. Mikkelson, M. Megan Partch. The Effect of cash reserves on corporate investment and performance in industry downturns. Working Paper, University of Washington, 2003.

［46］ Özgür Arslan, Chrisostomos Florackis, Aydin Ozkan. The role of cash holdings in reducing investment – cash flow sensitivity: Evidence from a financial crisis period in an emerging market. Emerging Markets Review, 2006, 7 (4): 320 – 338.

［47］ Karl V. Lins, Henri Servaes, Peter Tufano. What drives corporate liquidity? An international survey of strategic cash holdings and line of credit. Journal of Financial Economics, 2010, 98 (1): 160 – 176.

［48］ Ran Duchin, Oguzhan Ozbas, Berk A. Sensoy. Costly external finance, corporate investment, and the subprime mortgage credit crisis. Journal of Financial Economic, 2010, 97 (3): 418 – 435.

［49］ Ben Bernanke, Mark Gertler. Agency costs, net worth and business fluctuations. American Economic Review, 1989, 79 (1): 14 – 31.

［50］ Stephen D. Oliner, Glenn D. Rudebusch. Is there a broad credit channel for monetary policy? Economic Review, 1996 (1): 3 – 13.

［51］ Charles X. Hu. Leverage, monetary policy, and firm investment. Economic Review, 1999, 2 (2): 32 – 39.

［52］ Paul Beaudry, Mustafa Caglayan, Fabio Schiantarelli. Monetary instability, the predictability of prices, and the allocation of investment: An empirical investigation using UK panel data. American Economic Review, 2001, 91 (3): 648 – 662.

［53］ Jean – Bernard Chatelain, Andrea Generale, Ignacio Hernando, Ulf von Kalckreuth, Philip Vermeulen. New findings on firm investment and monetary policy transmission in the euro area. Social Science Electronic Publishing, 2002, 19 (1): 7-38.

[54] Robert J. Barro. Are government bonds net wealth? Journal of Political Economy, 1974, 82 (6): 1095-1117.

[55] Robert J. Barro. Output effects of government purchases. Journal of Political Economy, 1980, 89 (6): 1086-1121.

[56] David Alan Aschauer. Does public capital crowd out private capital? Journal of Monetary Economics, 1989, 24 (2): 171-188.

[57] Habib Ahmed, Stephen. M. Miller. Crowding-out and crowding-in effects of the components of government expenditure. Contemporary Economic Policy, 2000, 18 (1): 124-133.

[58] Emanuele Baldacci, Arye L Hillman, Naoko C. Kojo. Growth, governance, and fiscal policy transmission channels in low-income countries. European Journal of Political Economy, 2004, 20 (3): 517-549.

[59] Kanhaya L. Gupta, Robert Lensink. Financial liberalization and investment. New York and Canada: Rutledge Press, 1996.

[60] R. Glenn Hubbard. Capital-Market imperfections and investment. Journal of Economic Literature, 1998, 36 (1): 193-225.

[61] Franklin Allen, Douglas Gale. Bubbles, crises, and policy. Oxford Review of Economic Policy, 1999, 15 (3): 9-18.

[62] Alicia García-Herrero, Sergio Gavilá, Daniel Santabárbara. China's banking reform: An assessment of its evolution and possible impact. Cesifo Economic Studies, 2006, 52 (2): 304-363.

[63] János Kornai, Ágnes Matits. The softness of budgetary constraints: An analysis of enterprise data. Eastern European Economics, 1987, 25 (4): 1-34.

[64] Jeremy Greenwood, Boyan Jovanovic. Financial development, growth, and the distribution of income. Journal of Political Economy, 1990, 98 (5):

1076-1107.

[65] Ross Levine, Sara Zervos. Stock markets, banks, and economic growth. American Economics Literature, 1998, 88 (3): 537-558.

[66] Malcolm Baker, Jeremy C. Stein, Jeffrey Wurgler. When does the market matter? Stock prices and the investment of equity-dependent firms. The Quarterly Journal of Economics, 2003, 118 (3): 969-1005.

[67] Simon Gilchrist, Charles P. Himmelberg, Gur Huberman. Do stock price bubbles influence corporate investment? Journal of Monetary Economics, 2005, 52 (4): 805-827.

[68] Stanley Fischer, Robert C. Merton. Macroeconomics and finance: The role of the sock market. NBER Working paper, 1984.

[69] 陈艳. 宏观经济环境、投资机会与公司投资效率. 宏观经济研究, 2013 (8): 66-72.

[70] 佟爱琴, 马星洁. 宏观环境、产权性质与企业非效率投资. 管理评论, 2013 (9): 12-20.

[71] 李彬. 宏观经济冲击债务激进度与非理性投资——基于产权性质调节效应的分析. 山西财经大学学报, 2013 (11): 35-44.

[72] 王义中, 宋敏. 宏观经济不确定性、资金需求与公司投资. 经济研究, 2014 (2): 4-17.

[73] 吴慧香, 梁美健. 经济周期、现金持有量与公司投资. 北京工商大学学报（社会科学版）, 2014 (1): 83-88.

[74] 胡华夏, 洪荭, 向铧平. 经济周期、现金持有量与企业投资行为. 财会月刊, 2014 (3): 24-28.

[75] 张西征, 刘志远, 王静. 货币政策影响公司投资的双重效应研究. 管理科学, 2012 (5): 108-119.

[76] 龚光明, 孟渐. 货币政策调整、融资约束与公司投资. 经济与管理研究, 2012 (11): 95-140.

[77] 张前程. 金融发展、货币政策与企业投资——来自中国上市公

司的经验证据. 上海金融, 2014（1）: 3-9.

[78] 刘星, 张超, 郝颖. 货币政策对企业投资存在需求影响吗?——一项投资—现金流敏感性的研究. 经济科学, 2014（4）: 62-78.

[79] 韩东平, 张鹏. 货币政策、融资约束与投资效率——来自中国民营上市公司的经验证据. 南开管理评论, 2015（4）: 121-129.

[80] 张超, 刘星, 田梦可. 货币政策传导渠道、宏观经济增长与企业投资效率. 当代财经, 2015（8）: 108-119.

[81] 刘溶沧, 马拴友. 赤字、国债与经济增长关系的实证分析——兼评积极财政政策是否有挤出效应. 经济研究, 2001（2）: 13-20.

[82] 董秀良, 薛丰慧, 吴仁水. 我国财政支出对私人投资影响的实证分析. 当代经济研究, 2006（5）: 65-68.

[83] 李永友, 周达军. 投资需求、利率机制与我国财政政策的有效性. 数量经济技术经济研究, 2007（5）: 12-21.

[84] 杨俊, 王燕. 积极财政政策与私人投资关系的区域差异——基于中国东、中、西部面板数据的检验与分析. 财经科学, 2007（5）: 118-124.

[85] 陈浪南, 柳阳. 我国财政政策的私人投资需求非线性效应研究. 经济管理, 2014（2）: 1-9.

[86] 何建明. 超额信贷供给、部分企业过度借贷和过度投资探析. 社会科学战线, 2006（6）: 78-83.

[87] 刘康, Elmer Stekren, 尹伯成. 资本市场不完美、信贷配给与公司投资. 世界经济文汇, 2007（6）: 19-30.

[88] 张敏, 王成方, 姜付秀. 我国的信贷资源配置是有效的吗——基于我国上市公司投资效率视角的经验证据, 南方经济, 2010（7）: 61-71.

[89] 俞鸿琳. 银行贷款管理者投资行为与公司投资效率. 南方经济, 2012（7）: 30-42.

[90] 余明桂，夏新平，汪宜霞. 我国股票市场的财富效应和投资效应的实证研究. 武汉金融，2003（11）：21-24.

[91] 刘思佳. 我国货币政策股票市场传导机制的投资效应分析. 内蒙古农业大学学报（社会科学版），2010（2）：59-60.

[92] 周业安，宋翔. 股票市场波动与公司投资. 经济管理，2010（12）：118-126.

[93] Franco Modigliani, Merton H. Miller. The coet of capital, corporation finance and the theory of investment. American Economic Review, 1958, 48 (3): 261-297.

[94] Franco Modigliani, Merton H. Miller. Corporate income taxes and the cost of capital: A correction. American Economic Review, 1963, 53 (3): 433-443.

[95] Merton H. Miller. Debt and taxes. Journal of Finance, 1977, 32 (2): 261-275.

[96] W. Carl Kester. Capital and ownership structure: A comparison of United States and Japanese corporations. Financial Management, 1986, 15 (1): 5-16.

[97] Laurence Booth, Varouj Aivazian, Asli Demirguc-Kunt, Vojislav Maksimovic. Capital structures in developing countries. The Journal of Finance, 2001, 56 (1): 87-130.

[98] Raghuram G. Rajan, Luigi Zingales. What do we know about optimal capital structure? Some evidence from international data. Journal of Finance, 1995, 50 (5): 1421-1460.

[99] Harry De Angelo, Ronald W. Masulis. Optimal capital structure under corporate and personal taxation. Journal of Financial Economics, 1980, 8 (1): 3-29.

[100] Moon K Kim, Chun-chi Wu. Effects of inflation on capital structure. The Financial Review, 1988, 23 (2): 183-200.

[101] Gregory R. Duffee. The relationship between treasury yields and corporate bond yields spreads. Journal of Finance, 1998, 53 (6): 2225 – 2241.

[102] Ali Nejadmalayeri. On the effect of the term structure of interest rates on corporate capital structure: Theory and evidence. The university of Arizona, 2001.

[103] Robert A Korajczyk, Amnon Levy. Capital structure choice: Macroeconomic conditions and financial constraints. Journal of Financial Economics, 2003, 68 (1): 75 – 109.

[104] Amnon Levy, Christopher Hennessy. Why does capital structure choice vary with macroeconomic conditions? Journal of Monetary Economics, 2007, 54 (6): 1545 – 1564.

[105] Hui Chen. Macroeconomic conditions and the puzzles of credit spreads and capital structure. Journal of Finance, 2010, 65 (6): 2171 – 2212.

[106] Mehdi Abzari, Saeed Fathi, Fateme Nematizadeh. Analyzing the impact of financial managers' perception of macroeconomic variables on capital structure of firms listed in tehran stock exchange. International Journal of Academic Research in Economics and Management Sciences, 2012, 1 (3): 131 – 141.

[107] Charles Muthama, Peter Mbaluka, Elizabeth Kalunda. An empirical analysis of macro – economic influence on corporate capital structure of listed companies in Kenya. Journal of Finance and Investment Analysis, 2013, 2 (2): 41 – 62.

[108] Natalia Mokhova, Marek Zinecker. Macroeconomic factors and corporate capital structure. Procedia – Social and Behavioral Sciences, 2014, 110 (1): 530 – 540.

[109] 原毅军, 孙晓华. 宏观经济要素与企业资本结构的动态优化. 经济与管理研究, 2006 (5): 39 – 42.

［110］赵冬青，朱武祥，王正位．宏观调控与房地产上市公司资本结构调整．金融研究，2008（10）：78－92.

［111］黄辉．制度导向宏观经济环境与企业资本结构调整——基于中国上市公司的经验证据．管理评论，2009（3）：10－18.

［112］苏冬蔚，曾海舰．宏观经济因素与公司资本结构变动．经济研究，2009（12）：52－65.

［113］卢斌，曹启龙，党建兵．宏观经济因素与中国上市银行资本结构——基于非平衡面板数据的实证分析．数理统计与管理，2014（1）：106－115.

［114］李勇．宏观经济环境、动态目标资本结构与融资约束——基于中国上市公司的实证分析，2014（5）：22－30.

［115］吕峻，石荣．宏观经济因素对公司资本结构影响的研究——兼论三种资本结构理论的关系．当代经济科学，2014（11）：95－105.

［116］舒海棠，万良伟．市场化水平、宏观经济周期与资本结构关系的实证研究——基于融资约束的差异性分析．金融与经济，2015（1）：35－41.

［117］周兰，刘璇．宏观经济波动、经营负债与企业价值．东岳论丛，2016（3）：133－142.

［118］姜国华，饶品贵．宏观经济政策与微观企业行为——拓展会计与财务研究新领域．经济研究，2011（3）：10－18.

［119］王玉华，赵平．投资规模、投资效率与经济增长的动态关系研究．经济与管理，2013（10）：45－49.

［120］于蔚，金祥荣，钱彦敏．宏观冲击、融资约束与公司资本结构动态调整．世界经济，2012（3）：24－47.

［121］陈国权，徐碧波．制度不确定与民营企业家政治参与．新视野，2005（1）：38－40.

［122］陈艳．经济危机、货币政策与企业投资行为——基于中国上市公司数据．经济与管理研究，2012（11）：88－94.

[123] 马红,王元月.负债融资规模、负债期限结构与宏观经济环境——来自中国上市公司经验数据的实证分析.现代财经,2016(11):39-51.

[124] Ben S. Bernanke, Mark Genler. Inside the black box: The credit channel of monetary policy transmission. Journal of Economic Perspectives, 1995, 9(4): 27-48.

[125] Evgeny Lyandres. Costly external financing, investment timing, and investment-cash flow sensitivity. Journal of Corporate Finance, 2007, 13(5): 959-980.

[126] 刘扭霞.扩张性财政政策与民间投资.山西财经大学学报,2000(12):64-66.

[127] 方红生,张军.中国地方政府扩张偏向的财政行为:观察与解释.经济学(季刊),2009(3):1065-1082.

[128] 陈工,陈明利.财政分权、企业投资效率与资本配置.华东经济管理,2016(1):1-11.

[129] Raghuram G. Rajan, Luigi Zingales. Financial dependence and growth. The American Economic Review, 1998, 88(3): 559-586.

[130] 王奇.我国股市"去杠杆"效应及其传导渠道研究.统计与决策,2016(16):149-152.

[131] 高敬忠,周晓苏,王英允.机构投资者持股对信息披露的治理作用研究——以管理层盈余预告为例.南开管理评论,2011(5):129-140.

[132] 连玉君,程建.投资—现金流敏感性:融资约束还是代理成本?财经研究,2007(2):37-46.

[133] Anil K. Kashyap, Jeremy C. Stein, David W. Wilcox. Monetary policy and credit conditions: Evidence from the composition of external finance. American Economic Association. 1993, 83(1): 78-98.

[134] 雒敏,聂文忠.财政政策、货币政策与企业资本结构动态调

整——基于我国上市公司的经验证据. 经济科学, 2012 (5): 18-32.

[135] 胡国柳, 姜岩磊. 贷款投放量、高管过度自信与企业过度投资. 海南大学学报 (人文社会科学版). 2014 (3): 98-106.

[136] Scott Richardson. Over-investment of free cash flow. Review of Accounting Studies. 2006, 11 (2): 159-189.

[137] 靳庆鲁, 孔祥, 侯青川. 货币政策民营企业投资效率与公司期权价值. 经济研究, 2012 (5): 96-106.

[138] Michael Faulkender, Mitchell A. Petersen. Does the source of capital affect capital structure? The Review of Financial Studie, 2006, 19 (1): 45-79.

[139] 陈国权, 徐碧波. 制度不确定与民营企业家政治参与. 新视野, 2005 (1): 38-40.

[140] 吴敬琏. 中国经济60年. 财经, 2009 (20): 76-96.

[141] 陆静, 黄霞. 宏观信贷政策、政治关联和公司资本结构. 山西财经大学学报, 2013 (3): 67-77.

[142] 潜力, 胡援成. 经济周期、融资约束与资本结构的非线性调整. 世界经济, 2015 (12): 135-158.

[143] Ben Bernanke, Mark Gertler. Agency costs, net wort, and business fluctuations. The American Economic Review, 1989, 79 (1): 14-31.

[144] 祝继高, 陆正飞. 货币政策、企业成长与现金持有水平变化. 管理世界, 2009 (3): 152-158.

[145] Mark Gertler, Simon Gilchrist. Monetary policy, business cycles, and the behavior of small manufacturing firms. The Quarterly Journal of Economics, 1994, 109 (2): 309-340.

[146] 马红, 王元月. 宏观经济政策、融资约束与企业融资结构调整——基于我国上市公司的经验数据. 财经论丛, 2017 (1): 58-66.

[147] 曾令涛, 汪超. 地方财政刺激会影响企业的资本结构吗?——基于A股上市公司的实证研究. 中央财经大学学报, 2015 (12): 9-21.

[148] Kalok Chan, Junbo Wang, K. C. John Wei. Underpricing and long-term performance of IPOs in China. Journal of Corporate Finance, 2004, 10 (3): 409-430.

[149] Bengt Holmstrom, Jean Tirole. Financial intermediation, loanable funds, and the real sector. Quarterly Journal of Economics. 1994, 112 (3): 663-691.

[150] 张长海, 蔡海中, 吴顺祥. 区域金融发展、宏观货币政策与债务期限结构. 海南大学学报（人文社会科学版）, 2016 (1): 44-49.

[151] Malcolm Baker, Jeffrey Wurgler. Market timing and capital structure. The Journal of Finance, 2002, 57 (1): 1-32.

[152] 齐欣林. 债务期限结构的宏观经济影响因素研究. 新疆社会科学, 2013 (6): 23-30.

[153] 陈耿, 周军. 企业债务融资结构研究——一个基于代理成本的理论分析. 财经研究, 2004 (2): 55-65.

[154] 孙铮, 刘凤委, 李增泉. 市场化程度、政府干预与企业债务期限结构——来自我国上市公司的经验证据. 经济研究, 2005 (5): 52-63.

[155] Franco Modigliani, Merton H. Miller. The cost of capital, corporation finance and the theory of investment. The American Economic Review, 1958, 48 (3): 261-297.

[156] Michael C. Jensen. Theory of the firm: Managerial behavior, agency costs and ownership structure. Journal of Financial Economics, 1976, 3 (4): 305-360.

[157] Stewart C. Myers. Determinants of corporate borrowing. Journal of Financial Economics, 1977, 5 (2): 147-175.

[158] Michael C. Jensen. Agency sosts of free cash flow, corporate finance, and takeovers. The American Economic Review, 1986, 76 (2): 323-329.

[159] Robert Heinkel, Josef Zechner. The role of debt and preferred stock

as a solution to adverse investment incentives. The Journal of Financial and Quantitative Analysis, 1990, 25 (1): 1 – 24.

[160] 杨华军,胡奕明. 制度环境与自由现金流的过度投资. 管理世界, 2007 (9): 99 – 116.

[161] 陈艳,郑雅慧,秦妍. 负债融资、资本成本与公司投资效率——基于债务异质性视角的实证分析. 经济管理研究, 2016 (4): 79 – 86.

[162] Merton H. Miller, Franco Modigliani. Some estimates of the cost of capital to the electric utility industry, 1954 – 1957: Reply. The American Economic Review, 1967, 57 (5): 1288 – 1300.

[163] Steven M. Fazzari, R. Glenn Hubbard, Bruce C. Petersen, Alan S. Blinder. Financing constraints and corporate investment. Brookings Paper on Economic Activity, 1988 (1): 141 – 206.

[164] 张亦春,李晚春,彭江. 债权治理对企业投资效率的作用研究——来自中国上市公司的经验证据. 金融研究, 2015 (7): 190 – 203.

[165] 李彬. 宏观经济冲击、债务激进度与非理性投资——基于产权性质调节效应的分析. 山西财经大学学报, 2013 (11): 35 – 44.

[166] Philippe Bacchetta, Ramon Camina. Do capital market imperfections exacerbate output fluctuations? European Economic Review, 2000, 44 (3): 449 – 468.

[167] 张杰,芦哲,郑文平,陈志远. 融资约束、融资渠道与企业 R&D 投入. 世界经济, 2012 (10): 66 – 90.